영어 두 마디 트레이닝

Original title: 英語 2語トレ
ⓒ 2021 Chigusa Shigemori
Korean Translation Copyright ⓒ 2022 by SJW International
Korean edition is published by arrangement with SB Creative through BC Agency, Seoul
이 책의 한국어판 저작권은 BC에이전시를 통해 저작권사와 독점 계약을 맺은 SJW International에 있습니다.
저작권법에 의하여 한국 내에서 보호를 받는 저작물이므로 무단 전재 및 복제를 금합니다.

영어 두 마디 트레이닝

세계 표준 영어가 터지는
영어 습득의 과학에
기초한 학습법

시계모리 지구사 지음
윤지나 옮김

시원
북스

영어 두 마디 트레이닝

1

많은 사람들이 꼭 알았으면 하는 영어 말하기 방법이에요. 영어 학원을 5년을 다녀도 말하기가 되지 않았는데 쉽게 알려 주고 틀려도 된다고 해 주니까 영어 자신감이 생겼어요. 부담감이 사라진 덕분인지 영어가 자신감 있게 술술 나와서 눈물이 다 났습니다.

29세

2

영어 공부를 안 할 수 없어서 하긴 하는데 틀리면 좌절하고 상처받아서 마음이 꽉 막힌 것처럼 답답했습니다. 그런데 영어로 쉽게 말하는 방법을 알려 줘서 마음이 뻥 뚫린 것처럼 가볍고 영어로 말할 때 상처받지 않게 되었습니다.

45세

3

영어권 아이들이 영어를 배우는 과정을 따라서 영어로 말하는 방식이라 과학적이에요.

32세

4

머릿속에서 모국어를 거치지 않고 영어로 하고 싶은 말을 바로 할 수 있게 되었어요.

26세

5

제 인생을 바꿔 놓았습니다. 시작하는 순간부터 '어? 나도 영어가 되네?'라는 감동에 가슴이 마구 뛰었습니다.

54세

학습 후기

6

처음에는 무조건 영어로 말하는 게 가능한가 싶었는데 직접 해보니 영어를 쉽고 빠르게 배울 수 있는 가장 좋은 방법임을 알았어요.

21세

7

영어는 발음과 문법이 완벽해야 한다는 강박에서 해방되었습니다.

37세

8

이제 외국인 친구들과 이야기하는 것이 두렵지 않습니다.

41세

9

저는 영어 회화는 안 되는가 싶어서 포기하고 있었는데 영어 공부법이 틀렸을 뿐 할 수 있다는 자신감을 갖게 되었습니다

35세

10

그동안 여기저기서 주워들은 영어 공부에 대한 지식이 정리되는 느낌을 받았습니다. 틀려도 괜찮다는 마인드 덕분에 영어에 대한 제 마음가짐도 크게 바뀌었습니다.

71세

[영어 두 마디 트레이닝 4가지 특징]

1 영어를 암기하지 않는다.

2 중학교 수준의 영어 실력만 있으면 된다.

3 네이티브에게 한 방에 통하는 영어를 익힐 수 있다.

4 과학적인 영어 학습법으로 누구나 100% 영어가 터진다.

영어 두 마디 트레이닝의 강점

지금까지 아무도 알려 주지 않은
기적의 말하기 영어 학습법

"영어 공부 10년째인데 아직도 실력이 밑바닥이에요."
"영어 머리가 없는 건가 하고 자책하게 돼요."
"영어로 말하면 틀릴까 봐 무서워서 자신감이 떨어져요."

당신도 이런 영어 고민에 빠져 있지 않은가? 영어 학습법 책에서 알려 준 대로, 선생님이 가르쳐 준 대로 열심히 했는데 영어 말하기가 되지 않아서 고민이다. 그렇다면 당신 잘못이 아니다. 영어 학습법 책에서 알려 준 방법이, 선생님이 가르쳐 준 방법이 잘못된 방법이었다.

영어를 잘하려면 영어 머리가 발달되어야 한다. 영어 머리가 발달되지 않은 상태에서 억지로 영어 공부를 하면 전혀 도움이 되지 않는다. 안타깝게도 그동안 당신이 해 온 방법이다.

영어 머리를 발달시키는 방법은 아주 간단하다. 영어를 두 단어로 말하는 '영어 두 마디 트레이닝'이 그 시작이다. 영어 두 마디 트레이닝은 네이티브가 영어를 습득하는 과정을 따라 만든 과학적인 영어 학습의 기술이다.

영어 두 마디 트레이닝은
영어를 거침없이 내뱉게 만든다

나는 주식회사 'Nextep'이라는 영어 회화 학원의 대표이자 영어 강사로 활동하고 있다. Nextep은 지금까지 12만 명 이상의 수강생을 배출했다. 최근에는 초등학교에서도 영어 강의가 들어오고 있다. 유튜브 채널은 오픈하자마자 등록자가 순식간에 12만 명 이상이 되었다. 내 수업을 들은 학생들이 단기간에 영어 말하기가 되면서 '영어 두 마디 트레이닝'이 큰 호응을 얻은 덕분이다.

영어 두 마디 트레이닝은 모국어가 아닌 외국어를 습득하는 과정을 과학적으로 분석한 연구 결과를 토대로 만들었다. 영어를 모국어로 배우지 않은 사람들이 영어로 말할 수 있는 과학적인 방법을 3가지 스텝으로 나눠서 소개한다.

영어 두 마디 트레이닝을 하면 당신도 거침없이 영어로 말할 수 있게 될 것이다.

영어권 아이들이 배우는 방법으로
당신도 영어로 말할 수 있다

영어 두 마디 트레이닝을 하면 어떻게 영어 머리가 빠르게 발달되는 것일까? 비결은 '영어권 아이들이 영어를 습득하는 과정'에 있다. 네이티브라고 해서 태어나면서부터 영어를 하지는 못한다. 갓 태어난 영어권 아이들과 영어를 배우려는 비영어권 사람들의 공통점은 아직 영어 머리가 만들어지지 않았다는 것이다.

따라서 영어권 아이들이 영어 머리를 기르는 과정을 똑같이 따라 한다면 비영어권 사람들도 영어 머리를 만들 수 있지 않을까? 영어 두 마디 트레이닝은 바로 여기서 힌트를 얻었다.

영어권 아이들은 한두 살 때부터 초등 저학년까지 어마어마한 양의 짧은 영어를 내뱉으면서(아웃풋) 영어 머리를 발달시킨다. 한두 살 때는 두 마디로 말하고, 유치원에 가면 세 마디로 말하고, 초등학생이 되면 네 마디로 말하면서 영어 머리를 발달시킨다.

영어권 아이들의 이러한 말하기 발달 과정을 그대로 따라 하는 것이 바로 영어 두 마디 트레이닝이다.

STEP 1 영어 두 마디 트레이닝
'동사+명사' 두 마디 아웃풋으로, 영어권 두 살 아이 수준의 놀라운 흡수력을 기른다.

STEP 2 영어 세 마디 트레이닝
'주어+동사+명사' 세 마디 아웃풋으로, 영어권 유치원생 수준으로 자신의 생각을 거침없이 내뱉는다.

STEP 3 영어 네 마디 트레이닝
'주어+동사+명사+시제' 네 마디 아웃풋으로, 영어권 초등학생 수준의 스토리텔링 능력을 키운다.

영어 두 마디 트레이닝이란?

=

영어권 아이들이 영어를 습득하는 과정을 경험함으로써
영어의 말문을 트게 해 주고 영어 머리를 만드는 트레이닝

영어 두 마디 트레이닝 3 STEP

▶ **STEP 1 = 2마디 트레이닝(동사+명사)**
— 영어권 두 살 아이 수준의 성장 과정 경험
※영어권 두 살 아이 수준의 흡수력이 생긴다.

▶ **STEP 2 = 3마디 트레이닝(주어+동사+명사)**
— 영어권 유치원생 수준의 성장 과정 경험
※영어권 유치원생 수준으로 자신의 생각을 거침없이 내뱉을 수 있다.

▶ **STEP 3 = 4마디 트레이닝(주어+동사+명사+시제)**
— 영어권 초등학생 수준의 성장 과정 경험
※ 영어권 초등학생 수준의 스토리텔링 능력이 생긴다.

POINT

영어의 80퍼센트가 **동사 25개**를 주로 사용한다.

**go / work / have / make / get / take / bring / tell / keep /
come / know / see / ask / leave / find / use / try / put /
give / clean / break / drink / want / open / need**

25개 동사로 말하자!

'두 마디 트레이닝'에서는 네이티브들이 정말 다양하게 많이 쓰는 25개의 동사만을 사용한다. 25개의 동사를 입에서 술술 나오게만 하면 영어 말하기의 80퍼센트는 커버할 수 있다. 25개 동사로 말하자!

틀린 것이 잘못된 게 아니라 말을 내뱉지 못하는 게 문제다!

'영어 두 마디 트레이닝'의 놀라운 점은 영어 말하기와 함께 영어 머리를 발달시켜 준다는 것이다. 영어가 거침없이 튀어나오게 될 뿐만 아니라, 다양한 단어와 표현, 문법을 흡수하는 능력도 향상된다. 또한 늘 같은 패턴의 영어 문장을 말했다면 네이티브처럼 상황에 따라 다양한 패턴으로 영어를 말할 수 있게 되는 장점도 있다.

영어는 많이 틀릴수록 실력이 는다는 점을 기억하자. 영어를 말할 때 틀리면 자신이 못한다고 생각하는 사람들이 많다. 완벽한 문장을 말하지 못하면 시험 문제를 틀린 것처럼 주눅 들고 자신감이 떨어지는 것이다.

모국어라고 해서 사람들이 항상 완벽하게 말하는 건 아니다. 모국어로 말해도 크고 작은 실수를 한다. 모국어도 그런데 외국어는 오죽할까. 아이들이 수없이 틀리면서 모국어를 자연스럽게 익히듯 영어를 배울 때도 마찬가지다.

틀려도 된다. 틀려야 는다! 영어 두 마디 트레이닝에서는 한 번 연습한 표현을 다른 문제에서 조금 바꿔서 다시 연습한다. 무조건 말하고 많이 틀리면서 영어로 말해 보자.

처음부터 문법을 정확히 쓰려고 하지 말자

영어 초보라면 'a, an, the'(관사), '~s'(동사에 붙는 3인칭 단수 현재형)에 대해서는 처음부터 너무 잘하려고 하지 말자. 물론 정확히 쓰면 좋다. 하지만 틀려도, 없어도 알아듣는 데 문제는 없다. 네이티브도 처음 영어를 배울 때 이런 것에 지나치게 신경 쓰지 않는다. 대화할 때 이런 것에 너무 신경을 쓰면 영어 말하기가 어렵다. 그래서 이 책에서는 이런 것을 '괄호(　)' 안에 넣었다.

이 책은 총 5개 장으로 이루어져 있다. 1장과 2장은 '영어 두 마디 트레이닝' 이론 편으로, 1장에서는 기존의 영어 학습법이 지닌 문제점과 영어에 대한 네 가지 오해에 대해 설명하고, 2장에서는 이러한 문제를 해결해 줄 영어 두 마디 트레이닝의 원리와 특징을 소개한다. 3장부터 5장까지는 '영어 두 마디 트레이닝' 실전 편이다. 이론은 됐고 당장 실전에 들어가고 싶다면 1~2장은 건너뛰고 3장부터 보면 된다. (반대로 이론부터 쌓고 싶은 사람은 1장부터 보자.)

내가 운영하는 학원에서 영어 두 마디 트레이닝을 경험한 학생들이 하나같이 하는 말이 있다. "이 방법을 더 빨리 알았으면 좋았을 텐데……." 이런 말을 들을 때마다 더 많은 분들께 도움이 됐으면 하고 생각하다가 그 마음을 담아 책으로 만들어 냈다. 한 명이라도 더 많은 분들이 이 책을 통해 영어 말하기 혁명을 경험하길 바란다.

시게모리 지구사

[영어에서 가장 중요한 25개 동사]

여기서는 어렵고 전달되지 않는 영어가 아니라, 쉽고 명확하게 전달되는 영어를 말하는 것이 목표다. 그래서 네이티브들이 자주 쓰는 동사, 여러 가지 뜻(용법)으로 쓰이는 동사 25개를 엄선해 골랐다. 아래 동사 25개면 영어의 80퍼센트를 커버할 수 있다. 말하기 연습을 하다가 동사가 떠오르지 않을 때는 이 페이지를 펼쳐 보자.

go / work / have / make / get / take / bring / tell / keep / come / know / see / ask / leave / find / use / try / put / give / clean / break / drink / want / open / need

[영어 두 마디 트레이닝 사용법]

이 책의 3~5장에 나오는 '영어 두 마디 트레이닝' 실전 편은 '두 마디 트레이닝'(3장)에서 시작해서 '세 마디 트레이닝'(4장), '네 마디 트레이닝'(5장)으로 발전하며, 각 장은 '기초 편'과 '상황 설정 편'으로 구성되어 있다.

'기초 편' 트레이닝

1. 한 페이지당 문제는 4개다.
2. A에는 예시 동사 중 문장에 맞는 것을 고른다. B에는 내용에 맞는 명사를 넣어보자.
3. 시간은 45초다.
4. 페이지를 넘기면 답변 예시가 있다.

'상황 설정 편' 트레이닝

5. 네이티브가 말을 건네는 상황에서 그에 답하는 트레이닝을 한다.
6. 네이티브의 말을 듣고 '두 마디 트레이닝'을 할 때는 두 마디로, '세 마디 트레이닝'을 할 때는 세 마디로 답한다.
7. 시간은 45초다.
8. 페이지를 넘기면 답변 예시가 있다. 예시와 다른 단어를 써도 된다. 상상하는 상황은 사람마다 다르기 때문에 편하게 말하면 된다.

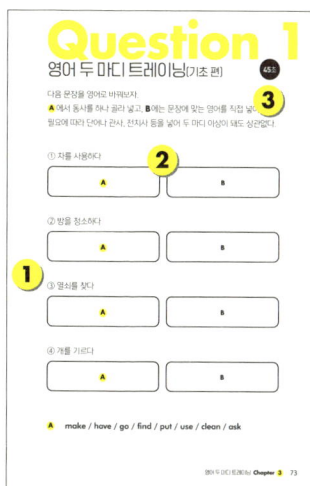
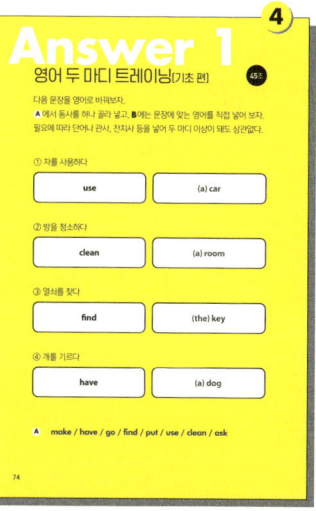
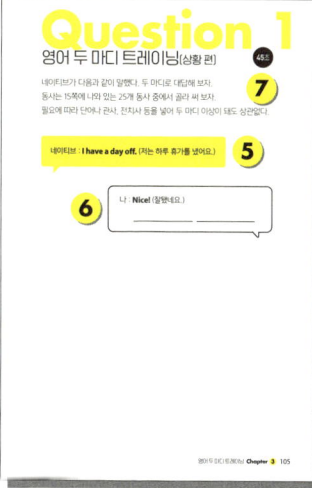
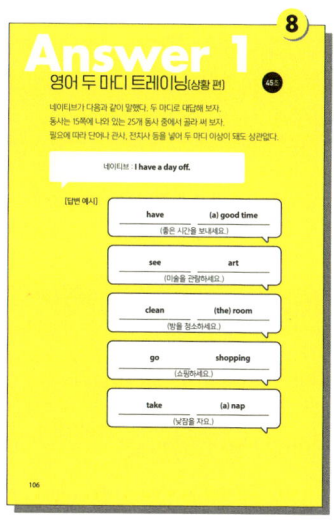

Contents

영어 두 마디 트레이닝 학습 후기 ···································· 4

영어 두 마디 트레이닝 4가지 특징 ···································· 6

영어 두 마디 트레이닝의 강점 ···································· 7

   지금까지 아무도 알려 주지 않은 기적의 말하기 영어 학습법 ···································· 7

   영어 두 마디 트레이닝은 영어를 거침없이 내뱉게 만든다 ···································· 8

   영어권 아이들이 배우는 방법으로 당신도 영어를 말할 수 있다 ···································· 8

   틀린 것이 잘못된 게 아니라 말을 내뱉지 못하는 게 문제다! ···································· 12

   처음부터 문법을 정확히 쓰려고 하지 말자 ···································· 13

영어에서 가장 중요한 25개 동사 ···································· 15

영어 두 마디 트레이닝 사용법 ···································· 16

네이티브 음성 파일 제공 ···································· 24

Chapter 1

문제는 그동안 잘못 해온 영어 말하기 훈련 방식

어린이 영어를 가르치면서 깨닫게 된 것들 ········ 26
영어는 '글'이 아닌 '상황'에서 배워야 한다 ········ 28

틀리면 안 된다는 강박이 영어 학습에 방해가 된다 ········ 30

영어 말하기 학습에 대한 잘못된 4가지 상식 ········ 33
[잘못된 상식 ①] 많이 들으면 입이 트인다 ········ 33
[잘못된 상식 ②] 틀리면 안 된다 ········ 35
[잘못된 상식 ③] 문장이 길고 수준이 높아야 한다 ········ 36
[잘못된 상식 ④] 무조건 외워야 한다 ········ 38

영어 대화를 가능하게 하는 과학적인 방법 ········ 40
오로지 암기만으로는 영어 회화가 불가능하다 ········ 41

영어권 아이들의 성장 과정을 본뜬 영어 학습법 ········ 42

영어 두 마디 트레이닝은 완전히 다르다

네이티브도 처음 말을 배울 때는 많은 실수를 한다 ········· 44
  생각한 것을 소리 내어 말하는 자발적 아웃풋이 중요하다 ········· 45

영어 두 마디 트레이닝에서 네 마디 트레이닝까지 3 STEP ········· 47
  [STEP ①] 두 마디 트레이닝 – 영어권 두 살 수준 ········· 47
  [STEP ②] 세 마디 트레이닝 – 영어권 유치원생 수준 ········· 50
  [STEP ③] 네 마디 트레이닝 – 영어권 초등학생 수준 ········· 53

실전 영어 대화에 도움을 주는 말하기 훈련 ········· 56
  [차별점 ①] 영어가 직관적으로 툭 튀어나온다 ········· 57
  [차별점 ②] 단어와 문법 흡수율이 90퍼센트로 UP! ········· 59
  [차별점 ③] 200개 패턴의 영어가 가능해진다 ········· 62

동사 25개만으로 영어의 80퍼센트가 해결된다 ········· 64

Chapter **3**

[STEP 1] 영어 두 마디 트레이닝
— 영어권 두 살 수준의 흡수력을 키운다

제2언어 습득의 핵심은 생각하지 않고 아웃풋하기 ·· 68

　영어권 두 살 아이처럼 자신 있게 영어로 말하자 ·· 69

영어 두 마디 트레이닝(기초 편) Question & Answer 1~16 ··············· 71~102

영어 두 마디 트레이닝(상황 편) Question & Answer 1~15 ··············· 103~132

[STEP 2] 영어 세 마디 트레이닝
— 영어권 유치원생처럼 자신의 생각을 말할 수 있다

영어 두 마디 트레이닝에서 '주어'를 붙이는 연습을 한다 ································ 134

   영어의 주어 감각을 말하기로 익히자 ·· 135

영어 세 마디 트레이닝(기초 편) Question & Answer 1~16 ············ 137~168

영어 두 마디 트레이닝(상황 편) Question & Answer 1~15 ············ 169~198

   [STEP ①] I, You, We — 나와 상대를 표현한다

   [STEP ②] He, She, They — 타인을 설명할 수 있다

   [STEP ③] 그 외의 주어들 — 사물 전반의 움직임을 설명할 수 있다

Chapter 5

[STEP 3] 영어 네 마디 트레이닝
― 영어권 초등학생 수준의 스토리텔링 능력을 키운다

모국어로 직역하지 않으면 영어의 시제를 익힐 수 있다 ·················200

영어의 현재형, 과거형, 미래형 3가지 시제를 마스터하자 ·················201

영어 네 마디 트레이닝(기초 편) Question & Answer 1~16 ············ 203~234

영어 네 마디 트레이닝(상황 편) Question & Answer 1~15 ············ 235~264

  [STEP ①] 현재형

  [STEP ②] 과거형

  [STEP ③] 미래형

에필로그 ··265

네이티브 음성 파일 제공

트레이닝의 영어 답변 예시를 음성으로 듣기를 원한다면 다음의 QR 코드 또는 URL을 통해 음성 동영상을 볼 수 있습니다.

https://www.youtube.com/watch?v=E9rM5ukSS6I

Chapter 1

문제는 그동안 잘못 해온 영어 말하기 훈련 방식

어린이 영어를 가르치면서 깨닫게 된 것들

"많이 들으면 입이 트인다."
"틀리면 안 된다."
"길게 품위 있게 말해야 한다."
"암기하면 된다."

영어 학습자들 사이에 퍼져 있는 잘못된 상식! 1장에서는 앞서 지적한 영어 학습에 대한 잘못된 상식 4가지를 내 경험과 과학적인 언어 습득 관점에서 완전히 뒤집어 놓을 것이다. 영어 두 마디 트레이닝은 기존의 영어 학습법의 문제점을 샅샅이 찾아내 이를 모두 해결해가는 과정에서 탄생한 완전히 새로운 방법이다. 내가 운영하는 학원에서 배출한 수강생 12만 명은 모두 성인 영어 학습자들이다. 나는 원래 국가 교육위원회로부터 의뢰를 받아 13개 초등학교에서 영어를 가르쳤다. 이후 어린이 영어 학원을 차렸는데 재학생들은 매해 수많은 영어 스피치 대회에서 수상할 정도로 높은 수준을 자랑했다. 학원을 거쳐 간 초등학생은 2만 명이 넘는다.

'두 마디 트레이닝'이 단연 최고라는 근거

||

① 경험
어린이 영어 지도법을 성인 초급자들에게 적용

⇒ 어린이들이 부족한 어휘력으로 영어 말하기를 하는 것을 보며 기존의 영어 학습법이 잘못되었다는 것을 깨닫다.

② 과학
제2언어 습득
(=언어 습득의 과학)

- 자발적 아웃풋
  ⇒ 자발적으로 아웃풋하면서 언어를 습득한다.

- 감정적 필터 가설(The Affective Filter Hypothesis)
  ⇒ 감정과 정서의 상태에 따라 언어 흡수율이 5~90%까지 차이가 난다.

- 스파이럴 학습
  ⇒ 상황 속에서 수없이 반복하며 언어를 습득한다.

영어 학습에 대한 잘못된 상식을 뒤집다!

- **잘못된 상식①** 많이 들으면 입이 트인다.
- **잘못된 상식②** 틀리면 안 된다.
- **잘못된 상식③** 길게 품위 있게 말해야 한다.
- **잘못된 상식④** 암기하면 된다.

두 마디 트레이닝은 어린이 영어 지도법을 성인들에게 적용한 학습법이다. 어린이 영어 학원이 Nextep의 전신인 셈이다. 두 마디 트레이닝으로 시작하면 영어 초보도 누구나 쉽게 말하기를 할 수 있다.

영어는 '글'이 아닌 '상황'에서 배워야 한다

나는 어린이 영어 학원을 시작했을 때 교재를 직접 골랐다. 그런데 시중에 나온 교재 중에는 내 마음에 쏙 드는 것이 없었다. 교재들 대부분이 영어 텍스트를 그대로 따라 읽도록 되어 있어서 뭔가 억지로 말을 시키고 있는 것 같았다.

경험상으로 이건 뭔가 잘못됐다고 느꼈다. 대화의 흐름, 앞뒤 맥락을 이해하지 못한 상황에서 텍스트를 읽기만 해서는 말하기가 제대로 될 리 없다. 나중에 과학적인 언어 습득 방법에 대해 연구하면서 이런 교재들이 과학적으로도 잘못됐다는 것을 알 수 있었다.

영어는 '글'이 아닌 '상황'에서 배워야 한다. 정해진 문장으로 영어를 배우면 말하기는 불가능하다. 이는 영어 두 마디 트레이닝에서 가장 기초가 되는 개념이다.

아이들에게 영어를 가르치며 깨달은 또 다른 사실은 단어, 어휘력이 부족해도 영어 회화를 잘할 수 있다는 것이다.

학원에 다니는 만 4세 아이든 중학교 3학년 학생이든 아이들은 네이티브와 편하게 영어로 대화를 했다. 단어와 문법을 오랫동안 공부해 온 어른들은 영어 회화가 잘 안 되는 반면, 그런 걸 전혀 모르는 아이들은 오히려 회화가 가능하다.

이런 문제를 해결할 방법이 없을까 고민하던 나는 누구든 영어를 빨리 습득할 수 있는 학습법을 정리하는 일에 매달렸다. 그러다 알게 된 것이 바로 '제2언어 습득'이다.

틀리면 안 된다는 강박이 영어 학습에 방해가 된다

　제2언어 습득은 모국어 이외의 언어를 습득하는 과정에 대해 연구하는 분야다. 과학적인 언어 습득에 대해서는 수많은 학습 성과가 보고되고 있다. 제2언어 습득 분야에는 여러 학파가 있는데 이들 학파에 대해 연구하면서 알게 된 이론 중 세 가지를 두 마디 트레이닝에 적용했다. 세 가지 이론은 다음과 같다.

　첫째, '자발적 아웃풋'이다.
　'자발적 아웃풋'이 중요한 이유는 자신의 생각을 말로 표현하지 않으면 언어를 습득할 수 없기 때문이다. 시중에 나와 있는 영어 교재는 스스로 생각한 것을 말로 바꾸는 연습이 아니라, 교재에 적혀 있는 대로 따라하게 돼 있다. 그래서 새로운 교재가 끊임없이 나왔다 사라지기를 반복하는 것이다. 기존의 영어 교재로 열심히 공부해도 영어 회화가 늘지 않는 건 당연한 일이다. 두 마디 트레이닝은 이 점에 주목해 스스로 생각하고 아웃풋할 수 있도록 설계됐다.

둘째, '감정적 필터 가설'이다.

'감정적 필터 가설'이란, '스트레스가 줄어들면 언어 흡수력이 크게 올라간다는 이론'이다. 반대로 스트레스와 같은 마이너스 감정의 여과장치(필터)가 높아지면 정보가 잘 흡수되지 않는다.

대표적으로 틀리면 안 된다는 강박은 영어 학습에 큰 방해가 된다. 긴장을 하면 언어 학습을 담당하는 뇌의 기능이 제대로 작동하지 않는다. 연구에 따르면 이 필터에 따라 영어 흡수율이 5~90퍼센트로 차이가 난다. 필터가 낮으면 최대 18배 차이가 나는 것이다. 많이 틀리면서 학습하라고 강조하는 것은 이 때문이다. 틀려도 괜찮다, 오히려 틀려야 도움이 된다 있다.

기존의 영어 교재들은 틀리면 안 된다는 생각을 무의식적으로 심어 준다. 교재가 정해 놓은 답과 똑같지 않으면 틀리다. 틀릴까 봐 두려운 마음이 필터로 작용하기 때문에 영어로 말을 못 하게 된다. 두 마디 트레이닝은 이러한 필터를 사라지게 해 준다. 두려움이 사라지므로 말하기뿐 아니라 단어, 문법 흡수력도 함께 향상된다.

셋째, '스파이럴 학습'이다.

'스파이럴'은 '나선'(나사 또는 소라 껍데기처럼 빙빙 돌아가는 모양)을 뜻한다. 스파이럴 학습은 사람들이 같은 표현을 다른 상황에서 여러 번 반복하며 언어를 습득하는 과정을 빗댄 표현이다. 나선형 계단처럼 비슷한 경험을 반복하며 한 단계 한 단계 '성장해 가는 모습'을 가리킨다.

예를 들어, 'play soccer(축구를 하다)'라고 '두 마디 트레이닝'에서 말한 다음, 'He plays soccer(그는 축구를 한다)', 'I play soccer(나는 축구를 한다)'라고 '세 마디 트레이닝'에서 말할 수 있으며, 좀 더 욕심을 내서 'I like playing soccer(나는 축구를 하는 것을 좋아한다)'라고 말할 수 있다. 'play soccer'는 비슷하지만 다른 방식으로 여러 번 반복해 말하면 어떤 상황이든 이 표현을 잘 쓸 수 있게 된다. 이는 두 마디 트레이닝을 '기초 편'과 '상황 설정 편'으로 나눈 이유이기도 하다.

따라서 두 마디 트레이닝 기초 편에서 한 번 나온 표현이 다른 상황에서도 나오고, 기초 편에서 나온 표현이 상황 설정 편에서도 등장하는 것을 확인할 수 있다. 이렇게 공부하면 단어를 따로 외우지 않아도 된다. 같은 표현이 여러 번 반복해 나오기 때문에 자연스럽게 저절로 외워진다.

이렇게 두 마디 트레이닝의 토대가 된 제2언어 습득의 세 가지 이론에 비추어 보면 그동안 우리가 비과학적인 방식으로 영어를 공부했음을 알 수 있다.

영어 말하기 학습에 대한 잘못된 상식 4가지

 제2언어 습득의 관점에서 본, 영어 학습에 대한 잘못된 상식 4가지는 다음과 같다.

> [잘못된 상식 ①]
> **많이 들으면 입이 트인다**

 영어를 매일 듣다 보면 마치 영어 공부를 하고 있는 것처럼 느껴질 것이다. 그런데 영어를 모른 채 듣기만 하면 소음에 불과하다. 아무리 열심히 들어도 영어가 늘지 않는 이유다. 영어를 듣기만 해서는 머릿속에 인풋이 되지 않는다.

 반면 외국에 가서 현지인 친구와 영어로 대화를 하면 배울 수 있는 것이 정말 많다. 어떤 상황에서 어떻게 말하면 될지 직접 보고 배울 수 있기 때문이다. 그런데 영어를 틀어 놓기만 하면 머릿속에 남지 않을 뿐만 아니라 재미도 없다. 물론 반복해 들으면 도움이 된다고 말하는 사람들도 있다. 하지만 계속 듣기만 하면 회화가 저절로 되지 않는다.

제2언어를 습득하려면 어떤 상황에서 어떻게 말해야 할지를 이해한 다음 스스로 생각한 것을 말로 해 보는 연습이 필요하다. 이것이 바로 '자발적 아웃풋'이다.

하지만 대부분의 영어 교재에서는 자발적 아웃풋을 이끌어 내는 방식을 거의 사용하지 않는다. 예를 들어, 'A의 단어를 B의 단어로 바꿔 보세요', '주어를 C에서 D로 바꿔 보세요', '평서문을 의문문으로 바꿔 보세요' 등과 같은 방식은 자발적 아웃풋을 이끌어 내는 주문이 아니다. 정해 놓은 답을 맞히고 발음하는 것에 불과하다. 대화에 정해진 답이란 없는데도 말이다.

문장을 외우면 기계처럼 입력된 대로 말하게 되기 때문에 회화가 늘지 않는다. 읽기(reading), 듣기(listening), 쓰기(writing)라고 구분하는 것도 회화를 방해한다. 읽기, 듣기, 쓰기는 따로 떨어져 있는 것이 아니라 하나의 흐름으로 연결되어 있다.

인간의 뇌는 자신이 할 수 있는 말을 다른 사람이 말했을 때 알아들을 수 있도록 설계되어 있다. 따라서 영어로 "I like dogs(개를 좋아해요)"라고 말할 수 있는 사람은 그 말을 들으면 바로 알아들을 수 있다.

모르는 단어를 처음 들으면 당연히 알아듣지 못하지만, 그 뜻과 쓰이는 상황을 이해하고 연습한 다음부터는 또렷하게 들린다. 즉, 아는 만큼 들린다.

영어를 틀어 놓기라도 하는 것이 공부를 안 하는 것보다 나을지 모른다. 하지만 출발점이 잘못되었다고 말해 주고 싶다.

[잘못된 상식 ②]
틀리면 안 된다

영어 공부를 해도 좀처럼 실력이 늘지 않는 사람들에게는 '틀리면 안 된다'는 강박이 있는 경우가 많다. 앞에서 설명한 '감정적 필터 가설'의 대표적인 사례다. 감정적 필터 가설은 제2언어 습득 연구의 일인자이자 언어 학자인 스티븐 크레센 박사가 제창한 이론 중 하나다.

스티븐 크레센 박사는 "제2언어를 습득할 때 감정적 필터가 높으면 높을수록 방해가 된다"고 강조했다. 즉, 감정적 필터가 높은 상태에서 영어를 공부하면 효과가 없다. 당신이 영어를 공부할 때 심리적인 장벽에 자주 부딪힌다면 영어로 자유롭게 말하기가 불편한 환경, 정확한 답을 빠르게 말해야 하는 강압적인 환경 때문일 수 있다.

실제로 학원에서 영어 수업을 하면 틀릴까 봐 아예 입을 떼지 못하는 학생들이 많다. 그래서 나는 영어 강의를 할 때 학생들의 감정적 필터를 낮추기 위해 틀려도 괜찮은 편안한 분위기와 환경을 만드는 데 많은 신경을 쏟는다. 두 마디 트레이닝에서도 마찬가지다. 감정적 필터를 근본적으로 낮추기 위해 납이 하나

뿐인 상황을 제시하지 않고 다양한 답변이 가능하다는 인식을 학습자에게 심어 주고 있다.

실수하면 무시를 당할지 모른다는 두려움에 자신감이 떨어지면 입을 떼기가 어렵다. 시험이 아닌 퀴즈라고 생각하고 무조건 영어 대화를 즐기려는 노력이 필요하다. 극단적이긴 주문이긴 하지만 처음부터 'a', 'the', '~s' 등 디테일한 부분에 너무 신경 쓰지 말고 일단 입을 떼 보자. 부담 없이 시작하면 흡수력이 점점 좋아져서 나중에는 자연스럽게 잘 쓸 수 있다. 루트를 조금만 바꿔서 원하는 목표를 더욱 쉽게 달성해 보자.

혹시라도 당신이 실수를 했을 때 무시하거나 비웃는 사람들이 있다면 신경 쓰지 마라. 그들이야말로 틀리면 안 된다는 강박에 사로잡힌 사람들이다. 당신이 실수를 두려워하지 않는다면 그들과는 비교가 안 될 정도로 영어 실력이 빠르게 향상되리라 확신한다. 다른 사람의 실수를 비웃는 사람들의 흡수율이 5퍼센트라면 실수를 두려워하지 않는 당신의 흡수율은 90퍼센트로 성장 속도에서 18배 차이가 나기 때문이다.

| [잘못된 상식 ③]
문장이 길고 수준이 높아야 한다

모국어는 자연스럽게 습득되기 때문에 대부분 쉽고 단순하게 말한다. 책을 많이 읽고 똑똑한 사람들도 자신의 생각을 쉽고 단순하게 표현한다. 빌 게이츠, 스티브 잡스가 모국어인 영어로 말하는 것을 들어 보면, 쉬운 표현과 짧은 문장, 정확한 발음과 천천히 말하는 모습이 인상적이다. 반면 영어를 외국어로 배운 경우에 말을 어렵게 하곤 한다. 하지만 일상생활에서 어려운 영어로 말할 이유는 전혀 없다.

당신이 영어로 '회사에 가다'를 표현하고 싶다고 하자. 이때 '통근하다'는 뜻의 'commute'를 쓰면 뜻은 통한다. 하지만 자주 쓰는 표현이 아닐뿐더러 뉴스나 공적인 자리에서 나올 법한 어려운 단어다. 네이티브는 'go to work', 'go to the office'라는 표현을 주로 쓴다. 전철을 이용해 회사에 간다고 말할 때는 "I go to work by train"이라고 한다. 일상생활에서 'commute'와 같은 어려운 단어는 안 써도 된다. 누구나 알고 있는 쉬운 단어를 이용해 말하자.

그런데 왜 초보들은 쉬운 표현을 놔 두고 굳이 어렵게 말하려고 하는 걸까? 원인 중 하나는 자신의 모국어 레벨만큼 외국어도 수준 높게 말하고 싶은 욕구가 크기 때문이다. 이럴 때는 모국어 수준을 낮춰서 생각하는 연습이 필요하다. 만일 '드리다'라는 의미를 영어로 표현하고 싶다면 어떤 단어가 있을지 고민하는 대신에 일맥상통하는 '주다'라는 뜻으로 바꿔서 'give'를 쓰면 된다. 이렇게 하면 영어 회화를 더 쉽고 재밌게 공부할 수 있다.

모국어와 외국어의 레벨은 다를 수밖에 없다. 이때는 레벨이 낮은 외국어의 수준을 올리려 하지 말고 레벨이 높은 모국어의 수준을 낮춰야 한다.

그렇다고 당신이 꿈꾸는 영어 잘하는 미래의 모습을 포기하라는 말이 아니다. 레벨을 낮춰서 시작하면 흡수율이 놀라울 정도로 향상되므로 루트를 조금만 바꿔서 시도해 보자.

[잘못된 상식 ④]
무조건 외워야 한다

영어를 충분히 공부한 다음 쓰겠다고 생각하는 사람들이 있다. 영어는 배우고 쓰는 것이 아니라 쓰면서 배우는 것이다.

영어 실력을 키우는 데 암기부터 하지 않아도 된다. 영어는 글로 배우는 것보다 상황에서 습득하는 것이 더 효과적이기 때문이다. 즉 '스파이럴 학습'이 중요하다.

I play soccer at the park. (나는 공원에서 축구를 한다.)
I play soccer at schlool. (나는 학교에서 축구를 한다.)
I play soccer with my friends. (나는 친구들과 함께 축구를 한다.)
I can play soccer very well. (나는 축구를 매우 잘 한다.)
I like playing soccer with my friends at school. (나는 학교에서 친구들과 축구 하는 것을 좋아한다.)

이렇게 계속 상황을 바꿔 보는 것이다. 과거형으로 바꾸면 'I played soccer yesterday(나는 어제 축구를 했다)'이지만 'play soccer'는 남는다. 이렇게 단어를 하나씩 늘리고 변형시켜 습득한다.

스파이럴 학습에 대해 알기 전부터 나는 비슷한 방식을 수업에서 쓰고 있었는데, 이 방법에 대해 구체적으로 알게 됐을 때 내 교육법이 잘못되지 않았다는 확신이 들었다.

스파이럴 학습은 같은 단어를 여러 번 반복하기 때문에 단어를 저절로 외울 수 있다. 그래서 이 책에서만큼은 단어 암기를 금지한다. 외우려 애쓰지 않아도 저절로 외워지므로 걱정하지 않아도 된다. 단어를 한 번에 외우는 건 무리다. 스파이럴 학습을 통해 여러 번 연습하면 기억에도 오래 남는다. 반복할수록 실수가 늘어나도 걱정하지 말라. 실수에 익숙해지면 감정적 필터가 낮아져 영어 흡수율이 올라간다.

영어 대화를 가능하게 하는 과학적인 방법

당신이 영어로 대화를 못했던 이유는 비과학적인 영어 공부법 때문이다. 이제부터는 '자발적 아웃풋'이 중요하다는 사실을 명심하고, '감정적 필터 가설'에 따라 당신이 영어를 못하도록 막는 장애물을 피하고, '스파이럴 학습'을 통해 말하기를 반복해야 한다.

영어 회화를 빠른 시간 안에 가능하게 하려면 과학적인 방법을 따라야 한다.

- 자발적 아웃풋의 중요성
- 감정적 필터 제거하기
- 반복적인 스파이럴 학습

이러한 과학적인 방법을 적용한 학습법이 '두 마디 트레이닝'이다. 두 마디 트레이닝의 종착점은 '영어 뇌 발달'이다. '영어 뇌'는 '영어를 영어로 생각하는 뇌'를 말한다. 모국어를 거치지 않고 영어가 직감적으로 입에서 튀어나오는 영어 머리다. 영어 머리가 있으면 네이티브에게 쉽게 전달되는 영어로 말할 수 있다. 단어와 문법은 대화가 가능해진 이후에 해도 된다. 우선 영어 머리부터 만들자.

오로지 암기만으로는 영어 회화가 불가능하다

 성인이 되어 영어를 배우는 사람들은 무의식적으로 모국어와 영어를 일대일로 바꿔서 말하곤 한다. 그런데 이렇게 하면 제대로 커뮤니케이션을 하기가 어렵다. 거의 불가능하다.

 문법과 단어를 주입식으로 외우고 독해를 하며 공부하면 영어 말하기 실력이 크게 늘기 어렵다. 무작정 외우기 전에 영어를 한두 마디 직접 말해 보면서 영어 머리를 만들어야 한다. 상황에 맞춰 모국어를 거치지 않고 영어로 내뱉는 습관을 들이자. 조금씩 살을 붙이는 것은 그다음이다.

 물론 단어는 중요하다. 하지만 단어를 어렵게 외워 놓고 외국인이 길을 물으면 뭐라고 말해야 할지 몰라서 쩔쩔맨다. 이상하게도 영어를 성실하게 공부한 사람일수록 더 심하다. 너무 안타깝다.

 두 마디 트레이닝으로 말하면 된다. 자신 있는 영어 말하기로 막힌 벽을 뛰어넘어 보자.

영어권 아이들의 성장 과정을 본뜬 영어 학습법

과학적인 영어 학습법에 대해 고민하다가 영어권 아이들의 성장 과정을 따라 해 보기로 했다. '영어 홈 스쿨', '엄마표 영어'라는 말이 있다. 가정에서 아이가 영어를 접할 기회를 늘리면 외국에 가지 않고도 2개 국어 이상을 자유롭게 쓰는 '바이링구얼'이 될 수 있다. 영어 홈 스쿨을 하는 아이들은 상황을 통해 영어를 배운다. 부모 중 한쪽이 외국인이냐 아니냐는 중요하지 않다. 일상에서 영어를 자연스럽게 접하면 영어 머리 발달에 도움이 된다.

비영어권에서 영어를 배울 때는 의도적으로 배움에 적합한 환경을 만들어야 한다. 하지만 영어권 아이들은 처음부터 자연스러운 환경 속에서 영어를 습득한다. 그러므로 영어권 아이들의 성장 과정을 본뜬 영어 학습법을 따라 하면 빠른 시간 안에 효과를 거둘 수 있다.

Chapter 2

영어 두 마디 트레이닝은 완전히 다르다

네이티브도 처음 말을
배울 때는 많은 실수를 한다

영어권 아이들은 말을 처음 배울 때 '엄마, 아빠, 멍멍이'처럼 간단한 한 마디부터 시작한다. 그러다 만 한두 살이 되면 '멍멍이 예뻐, 멍멍이 만질래' 수준으로 발전한다. 이 무렵부터 아이들은 상황에 따라 영어를 습득하기 시작한다. 그러다가 세 살이 넘어 가면서 말이 부쩍 는다. 세 마디나 네 마디로 말하고, 상황에 맞춰 주어를 넣기도 하며, 하루가 다르게 단어의 양을 늘려 나간다.

네 살부터 초등학교 저학년이 된 아이들 중에는 상황에 따라 '이런 건 물으면 안 되겠지'라고 생각하거나 시제를 의식하며 자기 나름의 스토리를 가지고 말하기도 한다. 아이들은 이맘때부터 대체로 네 마디로 이야기한다.

영어권 아이들은 일상에서 모국어인 영어로 듣고 말하면서 자발적인 아웃풋을 할 수 있다. 대화 상대는 대부분 부모이기 때문에 말이 틀려도 부끄러워하지 않는다. 따라서 감정적 필터가 높지 않고 자연스럽게 스파이럴 학습이 가능하다.

어릴 때 말을 배우면 틀려도 크게 신경 쓰지 않는다. 반대로 어른이 되어 말을 배우면 틀릴까 봐 조마조마해서 언어 습득에 방해가 된다. 실수에 신경을 써서 예민해지면 언어 실력이 늘지 않는다. 그래서 나는 학생들에게 단언한다. 틀려도 크게 신경 쓰지 않게 되면 실력이 향상된 것이고, 틀렸을 때 신경이 쓰이고 마음이 무거워진다면 아직 실력이 늘지 않은 거라고 말이다.

생각한 것을 소리 내어 말하는 자발적 아웃풋이 중요하다

영어권 아이들이 영어 머리를 만들 때 자발적 아웃풋을 한다고 하면 영어를 할 수 있는 상대를 구해서 말할 수 있는 환경을 만들어야 한다고 생각하는 사람들도 분명 있을 것이다. 그러나 실은 그렇지 않다.

자발적 아웃풋은 '생각한 것을 소리 내어 말하는 것'이기 때문에 혼잣말로 해도 되고 말을 하지 않고 영어로 일기를 써도 좋다. 그리고 꼭 밖에 나가지 않더라도 이 책으로 아웃풋 연습을 할 수 있으니 꼭 시도해 보기 바란다.

이 책에서는 영어권 아이들의 성장 과정을 따라가는 과학적인 방법에 대해 설명하고 트레이닝을 진행한다. 두 마디 트레이닝은 영어권 두 살 수준, 세 마디 트레이닝은 유치원생 수준, 네 마디 트레이닝은 초등학생 수준의 성장 과정을 거치게 되는데 '네 마디가 가능해져도 고작 초등학생 수준?'이라고 걱정하지 마시라. 이는 어디까지나 언어 학습 과정을 이해하기 쉽게 설명한 것일 뿐 네 마디가 가능해지면 네이티브와 충분히 대화를 나눌 수 있다.

영어 두 마디 트레이닝에서 네 마디 트레이닝까지 3 STEP

먼저 두 마디 트레이닝으로 시작해 세 마디, 네 마디 트레이닝으로 스텝 업을 한다. 다음은 각 스텝별 트레이닝법에 대한 설명이다. 참고로 이 책에서는 관사(a/the)나 소유격(my/her/his 등)은 한 마디로 세지 않는다. 예컨대 'Take (a) bus(버스를 타세요)'의 경우 관사 'a'를 빼고 두 마디로 센다.

[STEP ①]
두 마디 트레이닝 – 영어권 두 살 수준

STEP 1은 '두 마디 트레이닝'으로, 두 마디는 '동사'와 '명사'로 이루어지며 두 마디를 반복적으로 아웃풋하며 영어권 두 살 수준의 흡수력으로 영어를 습득하는 단계다. 이 훈련을 하면 두 마디로 전달되는 문장이 입에서 술술 나오게 된다. 두 마디 트레이닝으로 네이티브 두 살 수준의 영어를 경험할 수 있는 것은 영어권 아이들이 두 마디로 이야기를 시작하는 것이 두 살 무렵이기 때문이다.

언어를 배울 때 처음부터 문장으로 말할 수는 없다. 영어권 아이들도 차근차근 말을 배운다. 이는 영어뿐 아니라 세상의 모든 언어가 마찬가지다. 영어는 동사와 명사 두 마디에 포인트를 두고 학습하면 하고 싶은 말을 할 수 있게 되기까지 속도가 빨라진다. 영어를 잘하고 싶은 사람들은 당장 문장으로 말하고 싶겠지만 문장으로 시작하면 오히려 시간이 더 걸린다. 아무리 열심히 해야 소용없다.

문장으로 시작하면 영어에 대한 순발력이 생기지 않는다. 기초 영어를 두 마디 트레이닝, 세 마디 트레이닝, 네 마디 트레이닝의 순서로 습득하자. 두 마디 트레이닝으로 시작하면 할 수 있는 말이 늘어나기 때문에 감정적 필터가 낮아져 흡수력이 향상된다. 흡수율이 높다는 것은 결국 마스터 속도가 빠르다는 의미다. 영어를 잘하고 싶다면 두 마디 트레이닝에서 시작하자.

다이어트에 비유하면 체중 감량을 위해 급한 마음에 당장 식사부터 거르는 경우가 많은데 제대로 살을 빼려면 기초대사량을 높여서 살이 잘 빠지는 몸으로 만들어야 한다. 즉 근육부터 만드는 것이다. 살을 빼고 싶은데 근육부터 만들라고 하면 뭔가 한참 돌아가는 느낌이 들겠지만 근육 없이 살을 빼기는 어렵다. 언어 습득도 마찬가지다. 문장으로 말하고 싶다고 해서 문장부터 시작하는 것이 아니라, 문장으로 말하기 위해 두 마디 트레이닝부터 시작하는 것이다.

그럼 한 마디 단어부터 시작해야 하는 것 아닌가라는 의문이 들 수도 있겠다. 하지만 한 마디는 단어이기 때문에 대화가 성

립되지 않는다. 두 마디 트레이닝의 목적은 영어 회화, 즉 '대화'다. 대화를 할 수 있는 최소 단위가 두 마디다. 두 마디, 세 마디, 네 마디 트레이닝을 단계적으로 하면 외우지 않아도 문장으로 말할 수 있다.

그런가 하면 두 마디 트레이닝에는 왜 주어가 없는지 궁금해하는 경우도 많았다. 처음에 동사와 명사 두 마디로 시작하는 이유는, 주어는 나중에 붙이기가 매우 쉽기 때문이다. 두 마디 트레이닝을 하고 나면 나중에 얼마든지 주어를 붙여서 말할 수 있기 때문에 이 단계에서는 일단 주어를 생략한다.

영어권 아이들도 어느 날 갑자기 문장으로 말하지는 못한다. 처음에는 한 마디로 시작해 두 마디, 세 마디로 늘려 간다. 물론 그 두 마디의 품사는 개인차가 있어서 반드시 동사와 명사의 조합이라고 단언하기는 어렵다.

예를 들어, "엄마, 차"라는 문장은 2개의 명사로 이뤄져 있다. 영어권 국가에서 아이들에게 품사를 의식해 영어를 가르치지 않지만, 비영어권 사람들이 영어를 배울 때는 동사와 명사로 이뤄진 두 마디 트레이닝을 시작하는 것이 이해하기 쉽다. 그래서 트레이닝 코스에서는 비영어권 학습자를 위해 동사+명사(목적어) 두 마디로 구성했다.

참고로 내가 영어를 가르치면서 느낀 것은 지금까지 영어 공부를 열심히 해온 사람일수록 명사를 많이 알고 있다는 것이다. 이미 당신도 동사보다 명사가 더 빨리 나오지 않을까 싶다.

그런데 영어에서 가장 중요한 것은 '동사'다. 영어로 말할 때 걸리는 부분은 명사보다 동사가 더 많다. 명사는 그대로 외워도 지장이 없지만 동사는 그렇지 않다. 예를 들어, '시험을 보다'는 'take a test'인데 '음악을 마주하다'는 'face the music(음악을 마주하다)'이다. 각각 동사 take와 face를 썼다. 'take'는 '약을 먹다'라고 할 때 'eat' 대신에 'take medicine'으로 쓰인다. 컨디션이 안 좋아서 '병원에 간다'라고 할 때도 동사 'go'보다 'see'를 사용해 'see a doctor'라고 한다.

다 아는 동사도 꼭 필요할 때 생각만큼 입에서 바로 튀어나오지 않는다. 그래서 나는 학생들에게 동사가 영어 공부의 출발점이라고 항상 강조한다.

동사를 잘 쓰면 영어가 쉽다. 그럼 이제 어디부터 공부해야 할지 분명해졌다. 처음부터 이것저것 다 하려고 하면 오히려 뭘 할지 몰라 우왕좌왕한다. 방향을 명확히 잡고 연습을 시작해야 한다.

[STEP ②]
세 마디 트레이닝 – 영어권 유치원생 수준

STEP 2는 '세 마디 트레이닝'으로, 두 마디 트레이닝에서 아웃풋한 '동사+명사'에 주어를 붙이는 단계다. 세 마디 트레이닝을 마스터하면 영어권 유치원생 수준으로 자신의 생각을 툭툭 내뱉을 수 있다. 영어권 아이들이 두 마디에 한 마디를 더해 말하기 시작하는 시기가 바로 이 무렵이다. 영어권 아이들은 언어를 습득할 때 두 마디에서 세 마디로, 세 마디에서 네 마디로 늘려가는 과정을 거친다. "빵 먹어"라고 동사와 명사로 말하던 아이가 주어를 추가해서 "나 빵 먹어"라고 세 마디로 말한다. 그리고 "나 빵"이라며 주어와 명사로만 말하던 아이가 "나 빵 먹어"라고 말하게 된다.

영어권 아이들은 일상에서 영어를 접하기 때문에 품사를 의식하지 않지만, 비영어권 영어 학습자는 두 마디 트레이닝에서처럼 품사를 정리하며 공부해야 한다.

참고로 한국어와 일본어에서는 대화에 주어를 넣으면 말이 강하게 느껴지는 경향이 있다. 예를 들어, 내가 뭔가를 했을 때 상대방에게 "그거 했어"라고 해도 되고 "내가 그거 했어"라고 해도 되지만, 후자의 경우 '나'를 강조하는 느낌이 매우 강해진다. 명령형인 "그거 해"라는 말에 주어를 넣어 "니가 그거 해"라고 해도 어감이 굉장히 강해진다.

그렇긴 해도 한국어와 일본어에서는 주어를 생략해도 된다. 하지만 영어는 그렇지 않다. 영어는 '누가'라는 주어를 중요하게 여기는 언어다. 따라서 주어를 분명하게 밝히는 것이 좋다. 그러다 보니 비영어권 사람들이 영어 표현을 들으면 주장이 강하다는 인상은 받곤 하는 것이다.

이러한 언어 습관의 차이 때문에 특히 일본인은 영어를 말할 때 주어를 잘 넣지 못하는 경향을 보인다. 그래서 두 마디 트레이닝에서 세 마디 트레이닝으로 넘어갈 때 주어 자리에 명사를 넣어 말하는 사람들이 많다.

세 마디 트레이닝에서도 동사의 중요성은 동일하다. 동사를 잘 쓰면 영어를 마스터했다고 해도 과언이 아니다. 단, 영어의 동사는 모국어를 직역해서 쓸 수 없다는 데 주의해야 한다.

유럽권의 언어는 영어와 동사의 감각이 비슷하다. 커뮤니케이션 문화도 비슷해서 주어를 넣어 주장하는 것도 큰 차이가 없다. 커뮤니케이션 문화의 차이를 이해하기 위해서는 '고맥락 문화'와 '저맥락 문화'를 비교해 살펴 필요가 있다. 고맥락 문화는 언어 이외의 것이 갖는 의미를 중시하는 문화로, 쉽게 말하면 '분위기'를 파악하는 문화다. 고맥락 문화의 대표적인 언어가 바로 한국어와 일본어다. 반대로 저맥락 문화는 '말'을 중시하는 문화로 분위기에 크게 신경 쓰지 않는다. 저맥락 문화의 대표적인 언어는 영어와 유럽권 언어다.

이렇듯 영어는 우리가 모국어로 배운 언어와 완전히 다르다. 문법의 차이, 문화의 차이를 고려하며 세 마디 트레이닝으로 새롭게 영어를 습득해 보자.

[STEP ③]
네 마디 트레이닝 – 영어권 초등학생 수준

STEP 3는 '네 마디 트레이닝'으로, 세 마디 트레이닝에 시제를 추가하는 단계다. 시제는 영어에서 매우 중요하기 때문에 난이도가 갑자기 확 오른 느낌이 들 수 잇다. 네 마디로 된 문장을 말하는 훈련을 하면 영어권 초등학생처럼 스토리텔링 능력을 키울 수 있다. 영어권 아이들이 과거나 미래와 같은 시제를 구분해 말하기 시작하는 시기가 바로 초등학생 무렵이다.

시제를 넣어 영어를 구사하기 시작한다는 것은 스토리텔링 능력이 생겼다는 것을 의미한다. 한국어와 일본어는 현재형과 과거형을 섞어 말해도 크게 이상하지 않지만, 영어에서는 시제를 분명하게 구분해 말해야 한다.

예컨대 한국어에서 '그가 집에 오기 전에 방을 청소했다'는 문장은 과거형이지만, '집에 오기 전'은 현재형으로 표현한다. 그러나 엄밀히 말하면 청소를 한 것도 그가 온 것도 이미 과거의 일이다. 영어로 말할 때는 전체적으로 과거의 이야기를 하고 있다는 커다란 시제를 이해해야 한다.

시제에 신경을 써서 네 마디 트레이닝을 하다 보면 시제에 대한 감각도 자연스럽게 생긴다. 영어에서 '과거형' 하면 가장 먼서 무엇이 떠오르는가? 농사에 '-ed'를 붙여 과거형으로 만든다거나 문장 끝에 yesterday 등의 단어를 붙이는 것이 떠오를지 모르겠다.

기본적으로 동사의 과거형은 불규칙한 변화가 많다. 학교에서 열심히 외운 불규칙 동사가 바로 그것이다. 불규칙 동사는 시험 문제로 많이 출제되곤 한다. 그래서 학창 시절에 열심히 외웠다가 지금은 다 잊어버린 사람들도 많을 것이다.

그런데 영어권 아이들도 불규칙 동사를 틀리곤 한다. 네이티브가 모국어를 항상 완벽하게 구사하는 것은 아니다. 잘못 알고 있는 경우도 있고 실수를 하기도 한다. 동사의 과거형은 기본적으로 '-ed'를 붙여 만드는데, 네이티브들이 일상적으로 많이 사용하는 불규칙 동사와 과거형은 take(took), get(got), eat(ate) 등이다.

대화할 때 불규칙 동사가 많이 쓰이면 그만큼 실수도 잦다. 우리도 모국어를 틀리곤 하는데 그때마다 "어? 지금 한 말 문법적으로 틀리지 않아?"라고 지적하지 않는다. 마찬가지로 영어도 상대에게 하려고 하는 말이 잘 전달되기만 하면 실수에 대해서는 크게 신경 쓰지 않는다.

문법적으로 맞는지 너무 신경을 쓰느라 커뮤니케이션이 되고 있는지 뒷전이라면, 영어 공부를 아무리 열심히 해봐야 소용이 없다. 먼저 커뮤니케이션이 제대로 되고 있는가에 집중하자.

내가 운영하는 학원에서는 네이티브가 첨삭한 것을 일본인 강사가 다시 첨삭하기도 한다. 첨삭 순서가 일본인 강사→네이티브 순서로 되어야 하는 거 아닌가 싶겠지만, 문법만큼은 일본인 강사가 네이티브보다 더 정확한 경우가 많다. 네이티브나 어릴 때 해외에서 오래 살다온 해외파는 오히려 문법적으로 작은 실수가 더 많다. 어떤 문법은 아예 그런 규칙이 있는지조차 모르는 경우도 있다.

바꿔 말하면 정확한 문법을 몰라도 영어로 이야기하는 데는 지장이 없다는 것이다. 네이티브도 틀리는데 제2언어 학습자가 틀리는 것은 당연한다. 영어 공부를 할 때 틀리면 안 된다는 생각은 빨리 버리면 버릴수록 도움이 된다.

실전 영어 대화에 도움을 주는 말하기 훈련

두 마디 트레이닝은 1장에서 설명한 제2언어 습득의 원리를 따른 과학적인 방법이다. 반면 따라 하는 방식은 주입식에 가깝다. 주입식 연습은 발음 연습을 할 때는 괜찮다. 그러나 실제 대화에는 거의 도움이 안 된다. 예컨대 테니스를 하지 않는 사람에게 "I play tennis(나는 테니스를 한다)"라고 백 번 따라하게 한들 무슨 소용이 있겠는가? 단순한 문답 형식으로 연습할 때면 몰라도 네이티브와 대화를 할 때는 거의 쓸모가 없다. 테니스를 하지 않는 사람이 "I play tennis"라고 말할 일이 없기 때문이다.

말하기에 있어서도 자발적 아웃풋이 중요하다. 따라 하는 방법은 다른 사람이 한 말을 앵무새처럼 반복하는 것이기 때문이다. 주입식 학습법은 이 문장을 내가 어디서 쓸 것인가, 내가 한 말에 상대가 어떻게 반응할까 등을 전혀 고려하지 않은 연습이라서 실제 영어 대화에는 도움이 안 된다.

이렇듯 실제 영어 대화에 도움이 되는 말하기 훈련 방법이 필요하다는 생각들이 두 마디 트레이닝을 탄생시키는 결정적인 계기가 됐다.

[차별점 ①]
영어가 직관적으로 툭 튀어나온다

처음에는 머릿속이 기존에 배운 영어들로 가득 차 있는 상태다. 그러다 보니 머릿속에서 적절한 표현을 찾는 과정이 반복되고 대화의 흐름이 느려진다.

두 마디 트레이닝을 시작하면 머릿속에 가득 차 있던 기존의 영어가 깨끗하게 정리되는 청소 작업이 이뤄진다. 그리고 영어에 순발력이 붙는다.

대화를 자연스럽게 주고받는 수준이 되면 '영어가 되네!'라는 성공 경험을 통해 영어의 감이 잡힌다. 자신감이 붙으면 영어를 더 열심히 하고 싶은 의욕이 샘솟는다.

제2언어를 습득하기 위해서는 어떤 상황에서 어떤 식으로 말할지 이해한 다음 연습하는 자발적 아웃풋이 중요하다. 단순히 대화를 암기하는 것이 아니라, 자신의 생각을 영어로 전달하는 연습을 하는 것이다.

학교에서 영어를 배우고 영어 학원을 다녀도 자신의 생각을 네이티브에게 전달하지 못했다. 쓸모없는 영어를 외우느라 쓸모 있는 영어를 습득하시 못한 것이다. 그러다 보면 영어는 열심히 해도 안 된다는 착각에 빠지는 악순환이 반복된다.

두 마디 트레이닝은 자발적 아웃풋을 유도하는 훈련이다. 그 결과 스스로 무엇을 틀렸는지 깨달으면서 영어를 습득할 수 있다. 처음에는 문장을 생각하며 공부하던 사람들도 점점 직감적으로 영어가 입에서 튀어나오기 때문에 재미를 느끼고 계속할 수 있는 동기를 얻는다.

그럼 지금까지 해온 영어 공부는 전혀 도움이 안 되는 걸까? 영어 공부를 해 본 사람일수록 암기 속도가 빠르다. 트레이닝을 하는 사이 저절로 '정리 정돈'이 되기 때문이다. 여기서 '정리 정돈'이란, '동사와 명사를 순간적으로 판단해 말하는 것'을 의미한다. 영어에서 가장 중요한 것은 '동사'다. 동사에 대해 질문하기 시작하면 어느 정도 실력이 붙기 시작한 것이다. 다음은 두 마디 트레이닝을 통해 영어 말하기에 즐거움을 느낀 학생들의 후기다.

"간단한 두 마디 문장으로 시작해 덤으로 하나씩만 더 붙이면 말할 수 있다는 게 신기했습니다. 하루하루 덤이 늘어나 시제와 의문문 등에 익숙해지는 놀라운 공부법입니다."

"머릿속에서 이리저리 흩어져 있던 기초 이론이 정리된 느낌입니다. 영어를 하면 긴장과 부담감 때문에 어깨에 힘이 잔뜩 들어갔는데 이제 힘을 빼고 쉽고 편안하게 영어를 할 수 있어서 이전에 느끼지 못한 새로운 희열을 느낍니다."

"학창 시절에 배운 영어를 전혀 쓰지 못했던 52세의 제가 영어를 처음부터 다시 시작할 수 있어서 가슴이 벅찼습니다."

"단기간에 영어에 집중할 수 있어 좋았습니다. 영어는 좋아하는데 말을 하려고 하면 이상하게 입이 떨어지지 않아서 괴로웠습니다. 이번에 영어 순발력을 키우는 훈련은 처음이었는데 연습을 반복하는 사이 영어로 표현할 줄 알게 된 것이 너무 기뻤습니다."

자발적 아웃풋을 통해 말하는 속도는 더욱 빨라진다. 회화를 응용하기 시작하면 더 재밌어진다. 그동안 영어 공부를 계속해왔지만 대화가 뜻대로 되지 않았다면 지금까지 외운 문장을 두 마디 트레이닝으로 바꿔보라.

[차별점 ②]
단어와 문법 흡수율이 90퍼센트로 UP!

감정적 필터를 낮추는 방법은 단언컨대 확실한 결과를 보장한다. 영어를 이렇게 말해도 될까 주저하다가 입을 떼지 못하는 사람들이 많은데 이 책에서는 정답을 강요하지 않는다. 자신의 상황에 맞춰 말하면 되기 때문에 모든 답이 정답이다. 세세한 문법과 표현은 영어로 말할 수 있게 된 다음 연습해도 늦지 않다.

두 마디 트레이닝을 계기로 감정적 필터가 낮춰지면서 놀라울 정도로 영어 실력이 향상된 학생이 있다. 직업이 의사인 그는 영어를 잘하고 싶어서 꾸준히 공부를 했는데도 말하기가 안 되어서 좌절했다고 한다. 그리고 이번이 마지막이라는 생각으로 나를 찾아왔다. 그런데 두 마디 트레이닝을 시작한 지 5개월 만에 그는 영어로 한두 시간 막힘없이 대화를 하게 됐다.

그가 영어로 말을 떼기 시작한 건 두 마디 트레이닝을 시작한 지 한 달쯤 됐을 때다. 영어로 말을 뗄 수 있던 결정적 계기는 그의 마음속에서 단단히 자리 잡은 감정적 필터를 걷어냈던 순간이었다. 그때부터 그의 영어는 거침이 없었다. 그는 영어를 틀리게 말해도 예전과 달리 전혀 신경 쓰지 않고 자신감 있게 대화를 이어 갔다.

우리는 학교에서 영어를 배울 때는 'a'를 넣어야 한다, 'a cup of'라고 쓴다, 3인칭 단수 현재형에 '~s'를 붙이라는 식으로 배웠다. 그럼 영어로 입을 떼지 못한 사람이 문법이라는 틀에 갇혀 자신감을 잃기 쉽다. 오히려 문법을 잘 모르고 영어 성적이 좋지 않아도 이런 것에 크게 신경 쓰지 않는 사람이 나중에 영어를 잘하는 경우가 많다.

Be 동사도 마찬가지다. 네이티브들은 기본적으로 일반 동사를 많이 쓴다. 그런데 우리는 처음에 be 동사를 배우다 보니 다들 열심히 외운다. 하지만 네이티브들은 be 동사를 생각만큼 많이 쓰지 않는다. 그러므로 be 동사는 우선 입을 떼고 익혀도 무방하다.

오히려 be 동사에 너무 신경 쓰다 보니 be 동사와 일반 동사를 함께 쓰는 실수를 하게 된다. 예컨대 "I play"라고 말해야 하는데 "I am play"라고 잘못 말하는 것이다. 'I' 하면 'am'이 반사적으로 튀어나오기 때문이다.

물론 시험에서 틀리면 점수가 떨어진다. 하지만 일상 대화에서는 조금 틀려도 괜찮다. 문법이 틀려도 말하려는 내용을 상대에게 전달할 수 있다. 대화는 서로가 주고받는 이야기다. 궁금한 내용은 질문을 통해 해결하면 된다. 그러니 내용이 조금 부족해도, 문법이 조금 틀려도 전혀 문제가 되지 않는다.

틀리는 것에 익숙해지고, 사소한 것에 신경 쓰지 말고, 하고 싶은 말은 주저하지 말고 말하자. 다음은 문법에 연연하지 않은 영어 학습법을 경험한 학생들의 후기다.

"암기하지 마라, 사전 찾지 마라, 순발력을 키워라, 바꿔서 말하는 힘을 키워라 등등 기존의 영어 교육 방식과는 전혀 달랐습니다. 처음에는 조금 당황스러웠지만 일상적인 대화를 생각해보면 확실히 일리가 있는 말이었어요. 읽기, 쓰기, 테스트, 몰입하기 어려운 영어 회화 수업으로는 실력이 늘기 어렵죠."

"틀려도 된다는 생각을 가지고 영어로 말을 하는 것이 처음에는 생각보다 어려웠어요. 하지만 지금은 틀려도 괜찮다, 전달이 중요하다는 생각으로 즐겁게 공부하고 있어요. 가끔씩 초조한 마음이 앞서곤 하지만 요즘은 매일 꾸준히 하고 있다는 데 만족하고 있어요."

"말하고 싶은 문장이 머릿속에서 빨리 정리되는 것 같아요. 지금까지 학교에서 배운 방식이 아니라, 틀려도 되니까 하고 싶은 말을 무조건 해보라는 말씀을 실천한 덕분이에요."

마음의 벽을 허물면 영어 흡수력이 향상되어 배움이 즐거워진다.

[차별점 ③]
200개 패턴의 영어가 가능해진다

제2언어를 내 것으로 습득하기 위해서는 스파이럴 학습이 도움이 된다. 과학적인 근거도 있지만 나는 수많은 경험을 바탕으로 이 방법에 확신을 갖게 됐다. 스파이럴 학습은 다양한 패턴을 학습하는 효과가 있다. 패턴은 두 마디, 세 마디, 네 마디 트레이닝까지 포함하면 두 배, 세 배로 늘어난다.

이 책에서도 스파이럴 학습을 통해 237개 패턴의 영어를 습득할 수 있도록 했다. 처음에는 "I…" 정도밖에 말하지 못하던 학생들도 스파이럴 학습을 통해 다양한 표현이 가능하다. I eat

(a) rice ball(나는 주먹밥을 먹는다), I want (a) rice ball(나는 주먹밥을 원한다), I buy (a) rice ball(나는 주먹밥을 산다), I have (a) rice ball(난 주먹밥이 있다) 등 자유롭게 표현을 하고 사용할 수 있는 동사도 늘어난다.

동사 25개만으로
영어의 80퍼센트가 해결된다

　이 책에서는 동사에 대해 자세한 설명을 하지 않는다. 설명보다는 트레이닝을 할 때 같은 동사의 다른 용법을 섞어서 스파이럴 학습을 하는 것이 더 효과적이기 때문이다. 표현을 스스로 깨닫는 것이 언어 습득의 가장 좋은 패턴이며 실력 향상의 열쇠가 된다.

　이제 다음 장부터 본격적인 두 마디 트레이닝이 시작된다. 여기서 사용할 동사는 다음 25개다. 아이들 수준의 쉬운 동사만 잘 활용해도 영어 회화의 80퍼센트가 해결된다.

go / work / have / make / get / take / bring / tell / keep / come / know / see / ask / leave / find / use / try / put / give / clean / break / drink / want / open / need

　25개 동사를 고른 기준은 두 가지 이유에서다. 하나는 '사용 빈도'다. 25개 동사만 마스터하면 일상생활을 큰 어려움 없이 표현할 수 있다. 다른 하나는 다양한 용법을 가진 '범용성'이다. 예를 들어, 'go'는 '가다'라는 뜻이 대표적인데 그 외에도 '방문하다', '지나가다', '시작하다', '잘돼 가다' 등 다양한 의미로도 쓰인다.

'make'도 그렇다. 'make me happy'는 '나를 행복하게 하다'를 뜻하고, 'make dinner'는 '저녁을 준비하다'는 뜻이며, 'make a bed'는 '침대를 정리하다'는 의미다.

25개의 동사에는 각각 3~4개의 용법이 있기 때문에 어림잡아 100개의 패턴을 마스터할 수 있다. 25개의 동사만 잘 써도 네이티브와 충분히 대화할 수 있다.

지금까지 두 마디 트레이닝이 왜 중요한지에 대해 설명했다. 이제 드디어 트레이닝이 시작된다. 연습을 통해 당당히 틀리길 권한다. 틀려도 괜찮다. 거침없이 영어라는 벽을 뛰어넘자.

Chapter 3

[STEP 1] 영어 두 마디 트레이닝
– 영어권 두 살 수준의 흡수력을 키운다

제2언어 습득의 핵심은
생각하지 않고 아웃풋하기

독일 학자 헤르만 에빙하우스의 망각 곡선 이론에 따르면, 사람은 공부한 내용을 1시간 뒤 56퍼센트, 다음 날 74퍼센트, 일주일 뒤 77퍼센트, 한 달 뒤에는 79퍼센트 잊어버린다. 게다가 일상생활에서 영어로 대화하는 경우가 거의 없다면 머릿속에 정착되는 비율이 낮을 수밖에 없다. 그러므로 반복 연습이 중요하다.

성실한 사람일수록 기억을 잘하지 못하면 좌절하거나 영어에 재능이 없다는 생각에 사로잡혀 공부에 집중하지 못한다. 내 경험상 영어 공부에 좌절감을 느끼는 사람은 어른이 80퍼센트 정도로 아이보다 더 많다.

"제가 할 수 있을까요? 저도 가능할까요?"라고 걱정하는 학생들에게는 "당연하죠! 아이들처럼 제로에서 시작하면 할 수 있어요!"라고 대답한다. 지금까지 영어 공부를 해온 학생들은 자기만의 스타일이 강해서 이를 깨는 데 시간이 오래 걸린다. 그러다 정체의 늪에 빠지기도 한다.

영어 공부 습관을 완전히 바꾸겠다는 각오로 새롭게 임하자.

영어권 두 살 아이처럼
자신 있게 영어로 말하자

  비영어권에서 태어난 영어 왕초보라면 틀려도 괜찮다. 틀렸다고 부끄러워해야 할 이유가 없다. 영어권 아이들처럼 틀려도 괜찮다고 자기 암시를 하자. 아이들은 감정적 필터가 거의 없다시피 하기 때문에 틀려도 전혀 신경 쓰지 않는다. 어른이 되어 감정적 필터 때문에 틀리면 창피하다는 생각이 들어 몸도 마음도 움츠러들면 흡수력이 떨어진다.

  두 마디 트레이닝은 동사와 명사로만 말하기 때문에 정말 간단하다! 누구나 바로 시작할 수 있다.

  두 마디 트레이닝을 소리 내서 하면 동사와 명사가 '음'으로 입력된다. 음으로 입력된다는 것은 영어 회화를 할 때 매우 중요한데, 영어권 두 살 아이들도 자신이 발화한 말과 부모가 발화한 말을 귀로 들으면서 흡수한다. 이렇게 영어를 틀려도 된다는 생각으로 소리 내어 연습하면 틀림없이 입이 트인다. 감정적 필터를 낮춰 흡수력을 높인다는 생각으로 연습하면 자연스럽게 입에서 영어가 나오게 돼 있다. 자꾸 까먹는 것은 신경 쓸 것 없다. 다시 반복하면 된다.

  그럼 이제부터 본격적으로 두 마디 트레이닝을 시작해 보자.

Question 1

영어 두 마디 트레이닝 (기초 편)

다음 문장을 영어로 바꿔보자.
A 에서 동사를 하나 골라 넣고, **B**에는 문장에 맞는 영어를 직접 넣어 보자.
필요에 따라 단어나 관사, 전치사 등을 넣어 두 마디 이상이 돼도 상관없다.

① 차를 사용하다

| A | B |

② 방을 청소하다

| A | B |

③ 열쇠를 찾다

| A | B |

④ 개를 기르다

| A | B |

A make / have / go / find / put / use / clean / ask

영어 두 마디 트레이닝 **Chapter 3**

영어 두 마디 트레이닝 (기초 편)

다음 문장을 영어로 바꿔보자.
A 에서 동사를 하나 골라 넣고, **B**에는 문장에 맞는 영어를 직접 넣어 보자.
필요에 따라 단어나 관사, 전치사 등을 넣어 두 마디 이상이 돼도 상관없다.

① 차를 사용하다

| use | (a) car |

② 방을 청소하다

| clean | (a) room |

③ 열쇠를 찾다

| find | (the) key |

④ 개를 기르다

| have | (a) dog |

A　make / have / go / find / put / use / clean / ask

Question 2

영어 두 마디 트레이닝 (기초 편) · 45초

다음 문장을 영어로 바꿔보자.
A 에서 동사를 하나 골라 넣고, **B** 에는 문장에 맞는 영어를 직접 넣어 보자.
필요에 따라 단어나 관사, 전치사 등을 넣어 두 마디 이상이 돼도 상관없다.

① 거스름돈을 챙겨 두다

| A | B |

② 차를 마시다

| A | B |

③ 농담을 하다

| A | B |

④ 친구를 데리고 오다

| A | B |

A have / work / keep / take / tell / bring / need / drink

영어 두 마디 트레이닝 **Chapter 3**

영어 두 마디 트레이닝 (기초 편)

다음 문장을 영어로 바꿔보자.
A 에서 동사를 하나 골라 넣고, **B**에는 문장에 맞는 영어를 직접 넣어 보자.
필요에 따라 단어나 관사, 전치사 등을 넣어 두 마디 이상이 돼도 상관없다.

① 거스름돈을 챙겨 두다

| **keep** | **(the) change** |

② 차를 마시다

| **drink or have** | **tea** |

③ 농담을 하다

| **tell** | **joke(s)** |

④ 친구를 데리고 오다

| **bring** | **(a) friend** |

A have / work / keep / take / tell / bring / need / drink

Question 3
영어 두 마디 트레이닝 (기초 편) ⏱ 45초

다음 문장을 영어로 바꿔보자.
A에서 동사를 하나 골라 넣고, **B**에는 문장에 맞는 영어를 직접 넣어 보자.
필요에 따라 단어나 관사, 전치사 등을 넣어 두 마디 이상이 돼도 상관없다.

① 집에 오다

| **A** | **B** |

② 그에게 묻다

| **A** | **B** |

③ 침대를 정리하다

| **A** | **B** |

④ 햄버거를 먹다

| **A** | **B** |

A have / put / keep / make / ask / try / bring / come

영어 두 마디 트레이닝 **Chapter 3**

영어 두 마디 트레이닝 (기초 편)

다음 문장을 영어로 바꿔보자.
A 에서 동사를 하나 골라 넣고, **B**에는 문장에 맞는 영어를 직접 넣어 보자.
필요에 따라 단어나 관사, 전치사 등을 넣어 두 마디 이상이 돼도 상관없다.

① 집에 오다

| come | home |

② 그에게 묻다

| ask | him |

③ 침대를 정리하다

| make | (the) bed |

④ 햄버거를 먹다

| have | (a) hamburger |

A   have / put / keep / make / ask / try / bring / come

Question 4
영어 두 마디 트레이닝 (기초 편)

다음 문장을 영어로 바꿔보자.
A 에서 동사를 하나 골라 넣고, **B** 에는 문장에 맞는 영어를 직접 넣어 보자.
필요에 따라 단어나 관사, 전치사 등을 넣어 두 마디 이상이 돼도 상관없다.

① 가게를 알고 있다

| A | B |

② 헬스클럽을 나오다

| A | B |

③ 김치를 먹어보다

| A | B |

④ 장난감을 원한다

| A | B |

A want / tell / see / make / go / know / try / leave

영어 두 마디 트레이닝 (기초 편)

다음 문장을 영어로 바꿔보자.
 A 에서 동사를 하나 골라 넣고, **B** 에는 문장에 맞는 영어를 직접 넣어 보자.
필요에 따라 단어나 관사, 전치사 등을 넣어 두 마디 이상이 돼도 상관없다.

① 가게를 알고 있다

| **know** | **(the) store** |

② 헬스클럽을 나오다

| **leave** | **(the) gym** |

③ 김치를 먹어보다

| **try** | **kimchi** |

④ 장난감을 원한다

| **want** | **(a) toy** |

A want / tell / see / make / go / know / try / leave

Question 5

영어 두 마디 트레이닝 (기초 편) [45초]

다음 문장을 영어로 바꿔보자.
A에서 동사를 하나 골라 넣고, **B**에는 문장에 맞는 영어를 직접 넣어 보자.
필요에 따라 단어나 관사, 전치사 등을 넣어 두 마디 이상이 돼도 상관없다.

① 바닥을 깨끗이 하다

| A | B |

② 보다

| A | B |

③ 재킷을 입다

| A | B |

④ 도움이 필요하다

| A | B |

A　clean / find / bring / see / ask / take / need / put

영어 두 마디 트레이닝 (기초 편)

다음 문장을 영어로 바꿔보자.

A에서 동사를 하나 골라 넣고, **B**에는 문장에 맞는 영어를 직접 넣어 보자.
필요에 따라 단어나 관사, 전치사 등을 넣어 두 마디 이상이 돼도 상관없다.

① 바닥을 깨끗이 하다

| clean | (the) floor |

② 보다

| take | (a) look |

③ 재킷을 입다

| put on[※1] | (a) jacket |

④ 도움이 필요하다

| need | help |

A　clean / find / bring / see / ask / take / need / put

※1 '입다 = put on'으로 기억하자.

Question 6

영어 두 마디 트레이닝 (기초 편)　45초

다음 문장을 영어로 바꿔보자.
A에서 동사를 하나 골라 넣고, **B**에는 문장에 맞는 영어를 직접 넣어 보자.
필요에 따라 단어나 관사, 전치사 등을 넣어 두 마디 이상이 돼도 상관없다.

① 딸기를 받다

| **A** | **B** |

② 영화를 보다

| **A** | **B** |

③ 역에서 일하다

| **A** | **B** |

④ 맥주를 마시다

| **A** | **B** |

A　get / leave / see / bring / work / want / drink / open

영어 두 마디 트레이닝 (기초 편)

다음 문장을 영어로 바꿔보자.
A 에서 동사를 하나 골라 넣고, **B**에는 문장에 맞는 영어를 직접 넣어 보자.
필요에 따라 단어나 관사, 전치사 등을 넣어 두 마디 이상이 돼도 상관없다.

① 딸기를 받다

| get | strawberries |

② 영화를 보다

| see | (a) movie |

③ 역에서 일하다

| work | (at a) station |

④ 맥주를 마시다

| drink | beer |

A get / leave / see / bring / work / want / drink / open

Question 7
영어 두 마디 트레이닝 (기초 편)

다음 문장을 영어로 바꿔보자.
A에서 동사를 하나 골라 넣고, **B**에는 문장에 맞는 영어를 직접 넣어 보자.
필요에 따라 단어나 관사, 전치사 등을 넣어 두 마디 이상이 돼도 상관없다.

① 상자를 열다

| A | B |

② 비밀을 지키다

| A | B |

③ 풍선을 주다

| A | B |

④ 소란을 피우다

| A | B |

A open / leave / know / keep / drink / tell / give / make

영어 두 마디 트레이닝 (기초 편)

다음 문장을 영어로 바꿔보자.

A 에서 동사를 하나 골라 넣고, **B**에는 문장에 맞는 영어를 직접 넣어 보자. 필요에 따라 단어나 관사, 전치사 등을 넣어 두 마디 이상이 돼도 상관없다.

① 상자를 열다

| open | (a) box |

② 비밀을 지키다

| keep | (a) secret |

③ 풍선을 주다

| give | (a) balloon |

④ 소란을 피우다

| make | (a) fuss |

A open / leave / know / keep / drink / tell / give / make

Question 8

영어 두 마디 트레이닝 (기초 편) — 45초

다음 문장을 영어로 바꿔보자.
A에서 동사를 하나 골라 넣고, **B**에는 문장에 맞는 영어를 직접 넣어 보자.
필요에 따라 단어나 관사, 전치사 등을 넣어 두 마디 이상이 돼도 상관없다.

① 방법을 찾다

A	B

② 화장실에 가다

A	B

③ 과자를 가지고 오다

A	B

④ 레모네이드를 마시다

A	B

A find / get / tell / go / come / bring / clean / drink

영어 두 마디 트레이닝 (기초 편)

다음 문장을 영어로 바꿔보자.

A 에서 동사를 하나 골라 넣고, **B**에는 문장에 맞는 영어를 직접 넣어 보자.
필요에 따라 단어나 관사, 전치사 등을 넣어 두 마디 이상이 돼도 상관없다.

① 방법을 찾다

| **find** | **(a) way** |

② 화장실에 가다

| **go to**※2 | **(the) bathroom** |

③ 과자를 가지고 오다

| **bring** | **snack(s)** |

④ 레모네이드를 마시다

| **drink** | **lemonade** |

A find / get / tell / go / come / bring / clean / drink

※2 '가다 = go to'로 기억하자. 단 '집에 가다 = go home'이 된다.

Question 9
영어 두 마디 트레이닝 (기초 편)

다음 문장을 영어로 바꿔보자.
A 에서 동사를 하나 골라 넣고, B에는 문장에 맞는 영어를 직접 넣어 보자.
필요에 따라 단어나 관사, 전치사 등을 넣어 두 마디 이상이 돼도 상관없다.

① 집에서 일하다

| A | B |

② 마음을 열다

| A | B |

③ 단서를 찾다

| A | B |

④ 화장을 하다

| A | B |

A   work / try / open / use / find / leave / put / need

영어 두 마디 트레이닝 (기초 편)

다음 문장을 영어로 바꿔보자.
 A 에서 동사를 하나 골라 넣고, **B**에는 문장에 맞는 영어를 직접 넣어 보자.
필요에 따라 단어나 관사, 전치사 등을 넣어 두 마디 이상이 돼도 상관없다.

① 집에서 일하다

> **work from** [*3]   **home**

② 마음을 열다

> **open**   **(my) mind**

③ 단서를 찾다

> **find**   **(a) clue**

④ 화장을 하다

> **put**   **makeup on** [*4]

A   work / try / open / use / find / leave / put / need

※3 재택 근무일 경우는 'work from'을 쓴다. 원래 집이 직장인 경우는 'work at'을 쓴다.
※4 '화장하다'는 옷과 마찬가지로 'put on'을 쓴다. 'put makeup on'으로 기억하자.

Question 10

영어 두 마디 트레이닝 (기초 편)

다음 문장을 영어로 바꿔보자.
A에서 동사를 하나 골라 넣고, **B**에는 문장에 맞는 영어를 직접 넣어 보자.
필요에 따라 단어나 관사, 전치사 등을 넣어 두 마디 이상이 돼도 상관없다.

① 거래를 하다

| A | B |

② 동료에게 묻다

| A | B |

③ 휴가가 필요하다

| A | B |

④ 돌아오다

| A | B |

A   ask / give / see / come / make / work / want / try

영어 두 마디 트레이닝 (기초 편)

다음 문장을 영어로 바꿔보자.
A에서 동사를 하나 골라 넣고, B에는 문장에 맞는 영어를 직접 넣어 보자.
필요에 따라 단어나 관사, 전치사 등을 넣어 두 마디 이상이 돼도 상관없다.

① 거래를 하다

| make | (a) deal |

② 동료에게 묻다

| ask | (a) colleague |

③ 휴가가 필요하다

| want | (a) day off※5 |

④ 돌아오다

| come | back |

A　ask / give / see / come / make / work / want / try

※5 '휴가'는 'day off'를 쓴다.

Question 11

영어 두 마디 트레이닝 (기초 편)

다음 문장을 영어로 바꿔보자.
A에서 동사를 하나 골라 넣고, **B**에는 문장에 맞는 영어를 직접 넣어 보자.
필요에 따라 단어나 관사, 전치사 등을 넣어 두 마디 이상이 돼도 상관없다.

① 책상을 깨끗이 하다

- **A**
- **B**

② 스쿠버 다이빙을 해보다

- **A**
- **B**

③ 자리에 앉다

- **A**
- **B**

④ 약속을 깨다

- **A**
- **B**

A   have / need / break / open / try / see / clean / put

영어 두 마디 트레이닝 (기초 편)

다음 문장을 영어로 바꿔보자.
A 에서 동사를 하나 골라 넣고, **B** 에는 문장에 맞는 영어를 직접 넣어 보자.
필요에 따라 단어나 관사, 전치사 등을 넣어 두 마디 이상이 돼도 상관없다.

① 책상을 깨끗이 하다

| clean | (the) desk |

② 스쿠버 다이빙을 해보다

| try | scuba diving |

③ 자리에 앉다

| have | (a) seat |

④ 약속을 깨다

| break | (a) promise |

A have / need / break / open / try / see / clean / put

Question 12

영어 두 마디 트레이닝 (기초 편)

다음 문장을 영어로 바꿔보자.
A 에서 동사를 하나 골라 넣고, **B**에는 문장에 맞는 영어를 직접 넣어 보자.
필요에 따라 단어나 관사, 전치사 등을 넣어 두 마디 이상이 돼도 상관없다.

① 컴퓨터를 사용하다

| **A** | **B** |

② 우산을 놔두다

| **A** | **B** |

③ 진실을 말하다

| **A** | **B** |

④ 전화를 걸다

| **A** | **B** |

A come / make / put / drink / ask / use / leave / tell

영어 두 마디 트레이닝 (기초 편)

다음 문장을 영어로 바꿔보자.
A 에서 동사를 하나 골라 넣고, **B**에는 문장에 맞는 영어를 직접 넣어 보자.
필요에 따라 단어나 관사, 전치사 등을 넣어 두 마디 이상이 돼도 상관없다.

① 컴퓨터를 사용하다

| use | (a) computer |

② 우산을 놔두다

| leave | (an) umbrella |

③ 진실을 말하다

| tell | (the) truth |

④ 전화를 걸다

| make | (a) call |

A   come / make / put / drink / ask / use / leave / tell

Question 13

영어 두 마디 트레이닝 (기초 편)

다음 문장을 영어로 바꿔보자.
A에서 동사를 하나 골라 넣고, **B**에는 문장에 맞는 영어를 직접 넣어 보자.
필요에 따라 단어나 관사, 전치사 등을 넣어 두 마디 이상이 돼도 상관없다.

① 존경/존중하다

| A | B |

② 비밀을 알고 있다

| A | B |

③ 팁을 주다

| A | B |

④ 도움을 필요로 하다

| A | B |

A　take / leave / see / have / find / need / open / know

영어 두 마디 트레이닝 (기초 편)

다음 문장을 영어로 바꿔보자.
A에서 동사를 하나 골라 넣고, **B**에는 문장에 맞는 영어를 직접 넣어 보자.
필요에 따라 단어나 관사, 전치사 등을 넣어 두 마디 이상이 돼도 상관없다.

① 존경/존중하다

| have | respect |

② 비밀을 알고 있다

| know | (your)[※6] secret |

③ 팁을 주다

| leave | (a) tip |

④ 도움을 필요로 하다

| need | support |

A take / leave / see / have / find / need / open / know

※6 '누구'의 비밀인지 밝히면 상황이 더 잘 전달된다.

Question 14

영어 두 마디 트레이닝 (기초 편)

다음 문장을 영어로 바꿔보자.
A에서 동사를 하나 골라 넣고, **B**에는 문장에 맞는 영어를 직접 넣어 보자.
필요에 따라 단어나 관사, 전치사 등을 넣어 두 마디 이상이 돼도 상관없다.

① 휴식을 취하다

| A | B |

② 선물을 주나

| A | B |

③ (감기에 걸려) 병원에 가다

| A | B |

④ 부탁하다

| A | B |

A　take / tell / see / try / work / ask / give / need

영어 두 마디 트레이닝 (기초 편)

다음 문장을 영어로 바꿔보자.
A에서 동사를 하나 골라 넣고, **B**에는 문장에 맞는 영어를 직접 넣어 보자.
필요에 따라 단어나 관사, 전치사 등을 넣어 두 마디 이상이 돼도 상관없다.

① 휴식을 취하다

| take | (a) break |

② 선물을 주다

| give | (a) gift |

③ (감기에 걸려) 병원에 가다

| see | (a) doctor |

④ 부탁하다

| ask (for)[*7] | (a) favor |

A   take / tell / see / try / work / ask / give / need

[*7] 'ask for'는 '~을 부탁하다'는 뜻이다.

Question 15

영어 두 마디 트레이닝 (기초 편)

다음 문장을 영어로 바꿔보자.
A 에서 동사를 하나 골라 넣고, **B** 에는 문장에 맞는 영어를 직접 넣어 보자.
필요에 따라 단어나 관사, 전치사 등을 넣어 두 마디 이상이 돼도 상관없다.

① 남은 것을 챙겨두다

| A | B |

② 환불을 부탁하다

| A | B |

③ 뚜껑을 열다

| A | B |

④ 잔돈이 필요하다

| A | B |

A put / want / see / use / need / keep / ask / open

영어 두 마디 트레이닝 (기초 편)

다음 문장을 영어로 바꿔보자.
A 에서 동사를 하나 골라 넣고, **B**에는 문장에 맞는 영어를 직접 넣어 보자.
필요에 따라 단어나 관사, 전치사 등을 넣어 두 마디 이상이 돼도 상관없다.

① 남은 것을 챙겨두다

| keep | (the) leftover(s) |

② 환불을 부탁하다

| ask for | (a) refund |

③ 뚜껑을 열다

| open | (the) lid |

④ 잔돈이 필요하다

| want | (the) change |

A put / want / see / use / need / keep / ask / open

Question 16

영어 두 마디 트레이닝 (기초 편)

다음 문장을 영어로 바꿔보자.
A에서 동사를 하나 골라 넣고, **B**에는 문장에 맞는 영어를 직접 넣어 보자.
필요에 따라 단어나 관사, 전치사 등을 넣어 두 마디 이상이 돼도 상관없다.

① 일을 구하다

| A | B |

② 멕시코에서 오다

| A | B |

③ 다이어트를 하다

| A | B |

④ 약을 먹다

| A | B |

A get / tell / see / come / drink / go / clean / take

영어 두 마디 트레이닝 (기초 편)

다음 문장을 영어로 바꿔보자.
A 에서 동사를 하나 골라 넣고, **B**에는 문장에 맞는 영어를 직접 넣어 보자.
필요에 따라 단어나 관사, 전치사 등을 넣어 두 마디 이상이 돼도 상관없다.

① 일을 구하다

| get | (a) job |

② 멕시코에서 오다

| come from *8 | Mexico |

③ 다이어트를 하다

| go on *9 | (a) diet |

④ 약을 먹다

| take | medicine |

A get / tell / see / come / drink / go / clean / take

※8 'come from'은 '~에서 오다'라는 뜻이다.
※9 '다이어트를 하다'는 'go on diet'라고 한다.

Question 1

영어 두 마디 트레이닝 (상황 편) **45초**

네이티브가 다음과 같이 말했다. 두 마디로 대답해 보자.
동사는 15쪽에 나와 있는 25개 동사 중에서 골라 써 보자.
필요에 따라 단어나 관사, 전치사 등을 넣어 두 마디 이상이 돼도 상관없다.

> 네이티브 : **I have a day off.** (저는 하루 휴가를 냈어요.)

> 나 : **Nice!** (잘됐네요.)
> _____ _____

영어 두 마디 트레이닝 (상황 편)

네이티브가 다음과 같이 말했다. 두 마디로 대답해 보자.
동사는 15쪽에 나와 있는 25개 동사 중에서 골라 써 보자.
필요에 따라 단어나 관사, 전치사 등을 넣어 두 마디 이상이 돼도 상관없다.

네이티브: **I have a day off.**

[답변 예시]

have	(a) good time

(좋은 시간을 보내세요.)

see	art

(미술을 관람하세요.)

clean	(the) room

(방을 청소하세요.)

go	shopping

(쇼핑하세요.)

take	(a) nap

(낮잠을 자요.)

Question 2

영어 두 마디 트레이닝 (상황 편)

45초

네이티브가 다음과 같이 말했다. 두 마디로 대답해 보자.
동사는 15쪽에 나와 있는 25개 동사 중에서 골라 써 보자.
필요에 따라 단어나 관사, 전치사 등을 넣어 두 마디 이상이 돼도 상관없다.

네이티브 : **I work late.** (늦게까지 일해요.)

나 : **Oh, my!** (아이고, 이런!)
_____ _____

영어 두 마디 트레이닝 (상황 편)

네이티브가 다음과 같이 말했다. 두 마디로 대답해 보자.
동사는 15쪽에 나와 있는 25개 동사 중에서 골라 써 보자.
필요에 따라 단어나 관사, 전치사 등을 넣어 두 마디 이상이 돼도 상관없다.

네이티브 : **I work late.**

[답변 예시]

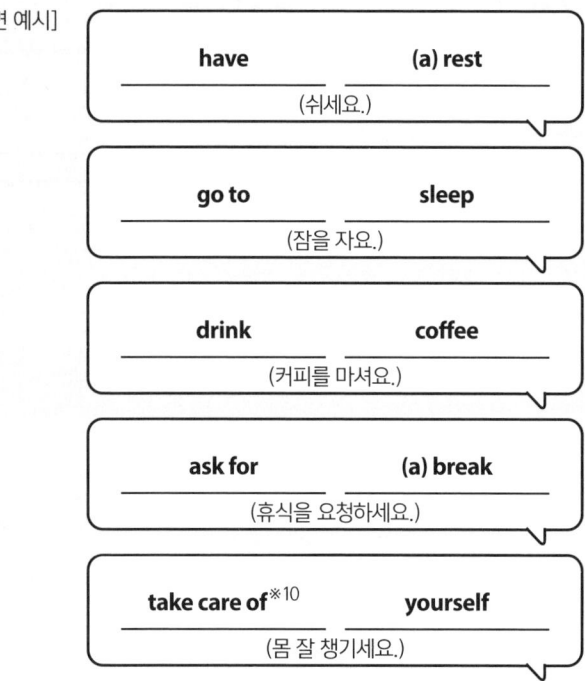

have	**(a) rest**
(쉬세요.)	

go to	**sleep**
(잠을 자요.)	

drink	**coffee**
(커피를 마셔요.)	

ask for	**(a) break**
(휴식을 요청하세요.)	

take care of[※10]	**yourself**
(몸 잘 챙기세요.)	

※10 'take care of = 돌보다', 'take care of yourself = 무리하지 마세요 또는 몸 잘 챙기세요'라는 뜻이다.

Question 3

영어 두 마디 트레이닝 (상황 편)

45초

네이티브가 다음과 같이 말했다. 두 마디로 대답해 보자.
동사는 15쪽에 나와 있는 25개 동사 중에서 골라 써 보자.
필요에 따라 단어나 관사, 전치사 등을 넣어 두 마디 이상이 돼도 상관없다.

네이티브 : **I try pizza.** (피자를 먹을 거예요.)

나 : **Me too!** (저도요!)

_____ _____

영어 두 마디 트레이닝 (상황 편)

네이티브가 다음과 같이 말했다. 두 마디로 대답해 보자.
동사는 15쪽에 나와 있는 25개 동사 중에서 골라 써 보자.
필요에 따라 단어나 관사, 전치사 등을 넣어 두 마디 이상이 돼도 상관없다.

네이티브 : **I try pizza.**

[답변 예시]

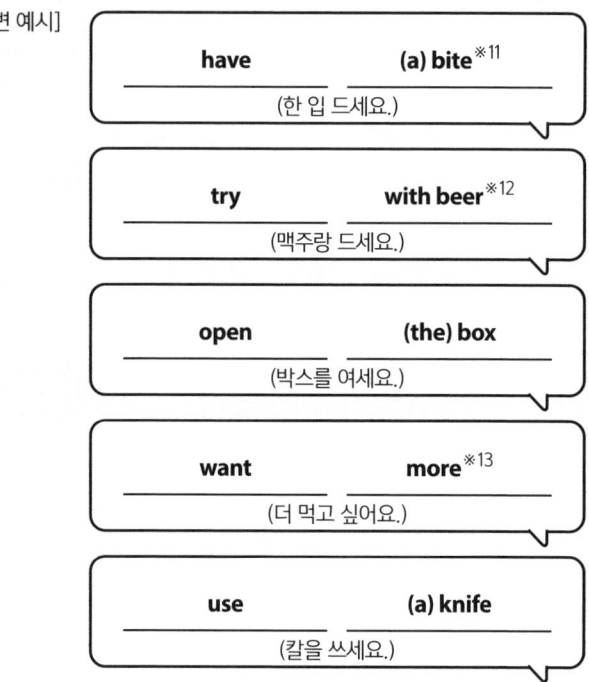

| have | (a) bite*11 |
(한 입 드세요.)

| try | with beer*12 |
(맥주랑 드세요.)

| open | (the) box |
(박스를 여세요.)

| want | more*13 |
(더 먹고 싶어요.)

| use | (a) knife |
(칼을 쓰세요.)

※11 'have a bite'는 '한 입 먹다'라는 뜻이다.
※12 '맥주와 함께'라고 말할 때는 'with'를 붙인다.
※13 more를 붙이면 '더 원한다', 즉 이 상황에서는 '하나 더'라는 의미가 된다.

Question 4

영어 두 마디 트레이닝 (상황 편)   45초

네이티브가 다음과 같이 말했다. 두 마디로 대답해 보자.
동사는 15쪽에 나와 있는 25개 동사 중에서 골라 써 보자.
필요에 따라 단어나 관사, 전치사 등을 넣어 두 마디 이상이 돼도 상관없다.

> 네이티브 : **I bring a friend.** (친구를 데려올 거예요.)

> 나 : **That's great!** (잘됐네요!)
> _____ _____

영어 두 마디 트레이닝 (상황 편)

네이티브가 다음과 같이 말했다. 두 마디로 대답해 보자.
동사는 15쪽에 나와 있는 25개 동사 중에서 골라 써 보자.
필요에 따라 단어나 관사, 전치사 등을 넣어 두 마디 이상이 돼도 상관없다.

네이티브 : **I bring a friend.**

[답변 예시]

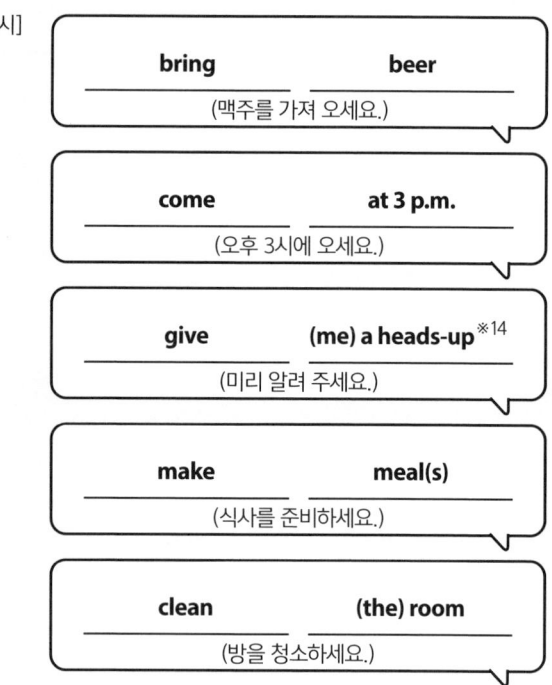

※14 'give me a heads-up'은 '미리 알려 달라'는 뜻이다.

Question 5

영어 두 마디 트레이닝 (상황 편)

45초

네이티브가 다음과 같이 말했다. 두 마디로 대답해 보자.
동사는 15쪽에 나와 있는 25개 동사 중에서 골라 써 보자.
필요에 따라 단어나 관사, 전치사 등을 넣어 두 마디 이상이 돼도 상관없다.

> 네이티브 : **I made a mess on the floor.**
> (제가 바닥을 엉망으로 만들었어요.)

> 나 : **Shoot! That's too bad!** (이런! 안됐군요!)
> _____ _____

영어 두 마디 트레이닝 (상황 편)

네이티브가 다음과 같이 말했다. 두 마디로 대답해 보자.
동사는 15쪽에 나와 있는 25개 동사 중에서 골라 써 보자.
필요에 따라 단어나 관사, 전치사 등을 넣어 두 마디 이상이 돼도 상관없다.

네이티브 : **I made a mess on the floor.**

[답변 예시]

| use | (the) broom |
(빗자루를 쓰세요.)

| clean | it |
(치우세요.)

| leave | it |
(그대로 두세요.)

| bring | (the) mop |
(자루걸레를 가져오세요.)

| need | (the) dustpan |
(쓰레받기가 필요해요.)

Question 6

영어 두 마디 트레이닝 (상황 편)

45초

네이티브가 다음과 같이 말했다. 두 마디로 대답해 보자.
동사는 15쪽에 나와 있는 25개 동사 중에서 골라 써 보자.
필요에 따라 단어나 관사, 전치사 등을 넣어 두 마디 이상이 돼도 상관없다.

> 네이티브 : **We will go to the ABC amusement park this weekend.**
> (우리 이번 주말에 ABC 놀이공원에 갈 거예요.)

> 나 : **Good for you!** (잘됐네요!)
> _____ _____

영어 두 마디 트레이닝 (상황 편)

네이티브가 다음과 같이 말했다. 두 마디로 대답해 보자.
동사는 15쪽에 나와 있는 25개 동사 중에서 골라 써 보자.
필요에 따라 단어나 관사, 전치사 등을 넣어 두 마디 이상이 돼도 상관없다.

네이티브 : **We will go to the ABC amusement park this weekend.**

[답변 예시]

find **(a) mascot!**
(마스코트를 찾아보세요!)

have **(a) great time**
(좋은 시간 보내세요.)

ask for **direction(s)**
(길을 물어보세요.)

bring **(the) coupon**
(쿠폰을 가져가세요.)

try **(the) haunted house**
(유령의 집에 가 보세요.)

Question 7

영어 두 마디 트레이닝 (상황 편)

45초

네이티브가 다음과 같이 말했다. 두 마디로 대답해 보자.
동사는 15쪽에 나와 있는 25개 동사 중에서 골라 써 보자.
필요에 따라 단어나 관사, 전치사 등을 넣어 두 마디 이상이 돼도 상관없다.

> 네이티브 : **I broke a glass.** (유리잔을 깼어요.)

> 나 : **Be careful!** (조심하세요!)
> _____ _____

영어 두 마디 트레이닝 (상황 편)

네이티브가 다음과 같이 말했다. 두 마디로 대답해 보자.
동사는 15쪽에 나와 있는 25개 동사 중에서 골라 써 보자.
필요에 따라 단어나 관사, 전치사 등을 넣어 두 마디 이상이 돼도 상관없다.

네이티브 : **I broke a glass.**

[답변 예시]

clean — **(the) floor**
(바닥을 치우세요.)

ask for — **help**
(도움을 요청하세요.)

give — **(me a) brush**
(저에게 빗자루를 주세요.)

open — **(the) plastic bag**
(비닐봉투를 벌려 주세요.)

use — **(the) vacuum**
(청소기를 쓰세요.)

Question 8

영어 두 마디 트레이닝 (상황 편) · 45초

네이티브가 다음과 같이 말했다. 두 마디로 대답해 보자.
동사는 15쪽에 나와 있는 25개 동사 중에서 골라 써 보자.
필요에 따라 단어나 관사, 전치사 등을 넣어 두 마디 이상이 돼도 상관없다.

> 네이티브 : **I want to drink some wine.**
> (와인을 마시고 싶어요.)

> 나 : **Sounds great!** (좋은 생각이에요!)
> _____ _____

영어 두 마디 트레이닝 (상황 편)

네이티브가 다음과 같이 말했다. 두 마디로 대답해 보자.
동사는 15쪽에 나와 있는 25개 동사 중에서 골라 써 보자.
필요에 따라 단어나 관사, 전치사 등을 넣어 두 마디 이상이 돼도 상관없다.

네이티브 : **I want to drink some wine.**

[답변 예시]

| **bring** | **(a) bottle-opener** |
(병따개를 가져오세요.)

| **open** | **(the) bottle** |
(병을 따세요.)

| **want** | **(some) cheese?** |
(치즈 드실래요?)

| **use** | **(a) glass** |
(유리잔을 쓰세요.)

| **have** | **(a) sip**[15] |
(한 모금 드세요.)

※15 'have a sip'은 '한 모금 마시다'라는 뜻이다.

Question 9

영어 두 마디 트레이닝 (상황편)

45초

네이티브가 다음과 같이 말했다. 두 마디로 대답해 보자.
동사는 15쪽에 나와 있는 25개 동사 중에서 골라 써 보자.
필요에 따라 단어나 관사, 전치사 등을 넣어 두 마디 이상이 돼도 상관없다.

> 네이티브 : **He asked a question.**
> (그가 질문을 했어요.)

> 나 : **I see.** (알겠어요.)
> _____ _____

영어 두 마디 트레이닝 (상황 편)

네이티브가 다음과 같이 말했다. 두 마디로 대답해 보자.
동사는 15쪽에 나와 있는 25개 동사 중에서 골라 써 보자.
필요에 따라 단어나 관사, 전치사 등을 넣어 두 마디 이상이 돼도 상관없다.

네이티브 : **He asked a question.**

[답변 예시]

tell   **(the) truth**
(진실을 말해요.)

know   **(the) answer**
(답을 알아요.)

come up with [※16]   **(an) answer**
(답이 떠올랐어요.)

give   **advice**
(조언해주세요.)

know   **(the) solution**
(해결책을 알아요.)

※16 'come up with'는 아이디어나 답이 떠올랐을 때 쓴다.

Question 10

영어 두 마디 트레이닝 (상황 편)

네이티브가 다음과 같이 말했다. 두 마디로 대답해 보자.
동사는 15쪽에 나와 있는 25개 동사 중에서 골라 써 보자.
필요에 따라 단어나 관사, 전치사 등을 넣어 두 마디 이상이 돼도 상관없다.

네이티브 : **I need help.** (도움이 필요해요.)

나 : **Okay!** (오케이!)
_____ _____

영어 두 마디 트레이닝 **Chapter 3**

영어 두 마디 트레이닝 (상황 편)

네이티브가 다음과 같이 말했다. 두 마디로 대답해 보자.
동사는 15쪽에 나와 있는 25개 동사 중에서 골라 써 보자.
필요에 따라 단어나 관사, 전치사 등을 넣어 두 마디 이상이 돼도 상관없다.

네이티브 : **I need help.**

[답변 예시]

bring   **(some) people**
(사람들을 데려오세요.)

ask   **her**
(그녀에게 요청하세요.)

get   **advice**
(조언을 구하세요.)

find   **instruction(s)**
(지시 사항을 찾으세요.)

want   **(some) help?**
(도와 드릴까요?)

Question 11

영어 두 마디 트레이닝 (상황 편)

네이티브가 다음과 같이 말했다. 두 마디로 대답해 보자.
동사는 15쪽에 나와 있는 25개 동사 중에서 골라 써 보자.
필요에 따라 단어나 관사, 전치사 등을 넣어 두 마디 이상이 돼도 상관없다.

> 네이티브 : **I need to lose some weight.**
> (살을 좀 빼야 해요.)

> 나 : **Same here.** (마찬가지에요.)
> _____ _____

영어 두 마디 트레이닝 (상황 편)

네이티브가 다음과 같이 말했다. 두 마디로 대답해 보자.
동사는 15쪽에 나와 있는 25개 동사 중에서 골라 써 보자.
필요에 따라 단어나 관사, 전치사 등을 넣어 두 마디 이상이 돼도 상관없다.

네이티브 : **I need to lose some weight.**

[답변 예시]

go to   **(the) gym**
(헬스 클럽에 가세요.)

try   **push-up(s)**
(푸시업을 해보세요.)

make   **healthy food**
(건강식을 요리하세요.)

drink   **(more) water**
(물을 더 드세요.)

use   **(the) stair(s)**
(계단을 이용하세요.)

Question 12

영어 두 마디 트레이닝 (상황 편)

45초

네이티브가 다음과 같이 말했다. 두 마디로 대답해 보자.
동사는 15쪽에 나와 있는 25개 동사 중에서 골라 써 보자.
필요에 따라 단어나 관사, 전치사 등을 넣어 두 마디 이상이 돼도 상관없다.

> 네이티브 : **I want to open the box.**
> (박스를 열고 싶어요.)

> 나 : **I see.** (알겠어요.)
> _____ _____

영어 두 마디 트레이닝 (상황 편)

네이티브가 다음과 같이 말했다. 두 마디로 대답해 보자.
동사는 15쪽에 나와 있는 25개 동사 중에서 골라 써 보자.
필요에 따라 단어나 관사, 전치사 등을 넣어 두 마디 이상이 돼도 상관없다.

네이티브 : **I want to open the box.**

[답변 예시]

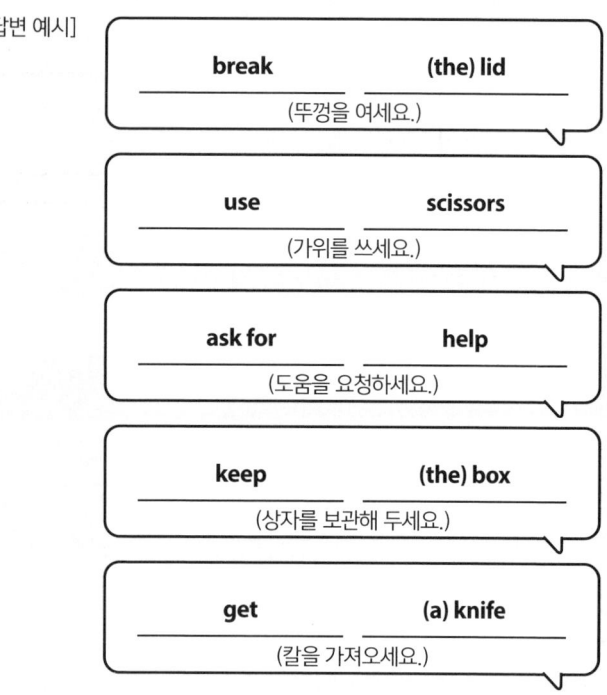

break   **(the) lid**
(뚜껑을 여세요.)

use   **scissors**
(가위를 쓰세요.)

ask for   **help**
(도움을 요청하세요.)

keep   **(the) box**
(상자를 보관해 두세요.)

get   **(a) knife**
(칼을 가져오세요.)

Question 13

영어 두 마디 트레이닝 (상황 편)

45초

네이티브가 다음과 같이 말했다. 두 마디로 대답해 보자.
동사는 15쪽에 나와 있는 25개 동사 중에서 골라 써 보자.
필요에 따라 단어나 관사, 전치사 등을 넣어 두 마디 이상이 돼도 상관없다.

네이티브 : **I am going to go for a walk.**
(산책을 갈 거예요.)

나 : **Wonderful!** (훌륭해요!)
_____ _____

영어 두 마디 트레이닝 (상황 편)

네이티브가 다음과 같이 말했다. 두 마디로 대답해 보자.
동사는 15쪽에 나와 있는 25개 동사 중에서 골라 써 보자.
필요에 따라 단어나 관사, 전치사 등을 넣어 두 마디 이상이 돼도 상관없다.

네이티브 : **I am going to go for a walk.**

[답변 예시]

come	**(with) you**[※17]
(같이 가요.)	

see	**you**
(다음에 봐요.)	

take	**(the) dog**
(개도 데려가요.)	

need	**exercise**
(운동이 필요해요.)	

know	**(the) direction**
(방향을 알아요.)	

※17 '함께 가다'라고 할 때는 'come with'를 쓴다.

Question 14
영어 두 마디 트레이닝 (상황 편)

네이티브가 다음과 같이 말했다. 두 마디로 대답해 보자.
동사는 15쪽에 나와 있는 25개 동사 중에서 골라 써 보자.
필요에 따라 단어나 관사, 전치사 등을 넣어 두 마디 이상이 돼도 상관없다.

> 네이티브 : **I didn't get a spoon at the convenience store.**
> (편의점에서 숟가락을 안 가져왔어요.)

> 나 : **That's unfortunate.** (안타깝네요.)
> _____ _____

영어 두 마디 트레이닝 (상황 편)

네이티브가 다음과 같이 말했다. 두 마디로 대답해 보자.
동사는 15쪽에 나와 있는 25개 동사 중에서 골라 써 보자.
필요에 따라 단어나 관사, 전치사 등을 넣어 두 마디 이상이 돼도 상관없다.

네이티브 : **I didn't get a spoon at the convenience store.**

[답변 예시]

have	mine

(제 것을 쓰세요.)

use	(a) fork

(포크를 쓰세요.)

go back*¹⁸	to (the) store

(가게로 다시 가세요.)

ask for	(a) spoon

(숟가락을 달라고 하세요.)

tell	(the) shop assistant

(점원에게 말하세요.)

※18 '돌아가다'라고 할 때는 'go back'을 쓴다.

Question 15

영어 두 마디 트레이닝 (상황 편)

네이티브가 다음과 같이 말했다. 두 마디로 대답해 보자.
동사는 15쪽에 나와 있는 25개 동사 중에서 골라 써 보자.
필요에 따라 단어나 관사, 전치사 등을 넣어 두 마디 이상이 돼도 상관없다.

> 네이티브 : **I have a cold.** (감기에 걸렸어요.)

> 나 : **Oh no!** (안 돼요!)
> _____ _____

영어 두 마디 트레이닝 (상황 편)

네이티브가 다음과 같이 말했다. 두 마디로 대답해 보자.
동사는 15쪽에 나와 있는 25개 동사 중에서 골라 써 보자.
필요에 따라 단어나 관사, 전치사 등을 넣어 두 마디 이상이 돼도 상관없다.

네이티브 : **I have a cold.**

[답변 예시]

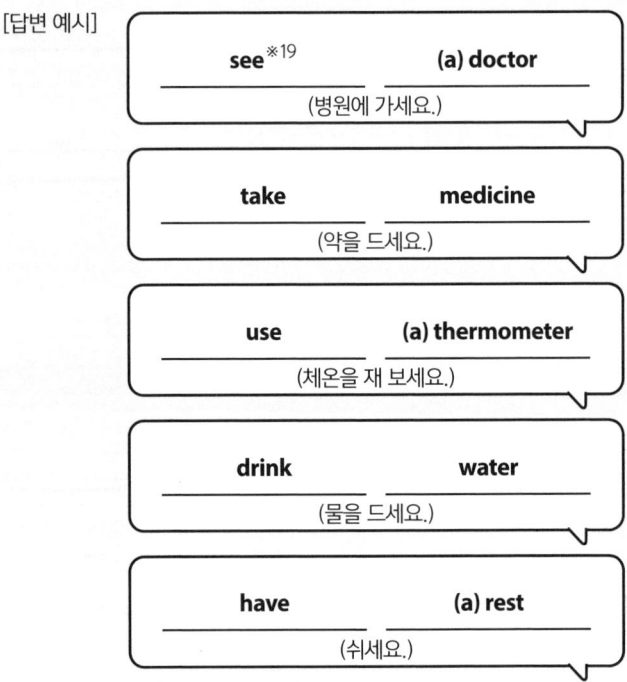

- see*19 / (a) doctor (병원에 가세요.)
- take / medicine (약을 드세요.)
- use / (a) thermometer (체온을 재 보세요.)
- drink / water (물을 드세요.)
- have / (a) rest (쉬세요.)

※19 'go to a hospital'이라고 말하면 상대방이 큰 병이라고 생각할 수 있다. 동네 병원이나 의원에 갈 때는 'see a doctor'라고 한다.

Chapter 4

[STEP 2]
영어 세 마디 트레이닝

– 영어권 유치원생처럼
자신의 생각을
말할 수 있다

영어 두 마디 트레이닝에서 '주어'를 붙이는 연습을 한다

세 마디 트레이닝은 두 마디 트레이닝에 '주어'를 붙이는 연습이다. 영어는 주어 감각이 달라서 처음에는 주어를 붙이기가 조금 어렵게 느껴질 수 있다.

한국어와 일본어는 주어가 없어도 말이 통하지만 영어는 반드시 주어가 있어야 한다. 예를 들어, 영어로 "편의점에서 빵을 판다"라고 말할 때 주어를 'convenience store'라고 생각하는 사람이 많다. 그런데 여기서 주어는 'They'다. 편의점을 하나의 팀으로 보고 주어를 'they'라고 하면 "편의점에서 빵을 판다"라는 표현은 영어로 "They sell bread"가 된다.

또 다른 예로 "이 가게에는 화장실이 있나요?"를 영어로 하면 "Do you have a bathroom here?"로, 주어가 'you'다. 'There is' 구문을 이용해 "Is there any bathroom near here?"라고 말하는 사람들도 있다. 물론 틀린 표현은 아니지만 "Do you have a bathroom here?"라고 말할 수 있다면 주어 감각이 생겼다는 증거다.

"이 가게는 문을 언제 닫나요(여나요?)"라고 물어볼 때도

'This shop'을 주어로 생각하는 사람들이 많은데 그보다는 "What time do you close(open) this shop?"이라 말하는 것이 훨씬 더 자연스럽다.

이렇게 영어로 말할 때 주어를 어떻게 해야 할지 많이들 헷갈린다. 영어는 주어 감각이 다르다. 그렇다고 걱정할 필요는 없다. 세 마디 트레이닝에서 스파이럴 학습을 통해 주어를 감각적으로 익힐 수 있다.

영어의 주어 감각을 말하기로 익히자

영어권 아이들은 유치원생 정도가 되면 말하는 양이 부쩍 느는데, 개인차는 있지만 대부분 세 마디로 말하기 시작한다. 그 전까지 '마마', '파파' 같은 간단한 명사와 동사로 말하던 아이들도 단어를 이어 붙이면서 조금씩 대화를 하게 된다. 이 시기에 주어를 넣어 말하면서 영어의 주어 감각이 생겨난다.

이때도 영어권 아이들은 문법에 거의 신경 쓰지 않는다. 문법을 교정하기보다 말의 양이 비약적으로 늘어나 말이 순발력 있게 입에서 툭툭 튀어나오게 된다. 영어권 유치원생들처럼 하고 싶은 말을 적극적으로 말할 때 영어 실력이 하루가 다르게 늘 수 있다.

세 마디 트레이닝에서도 영어권 유치원생이라 생각하며 연습하자. 앞에서 연습한 두 마디 트레이닝에 주어를 붙이면 된다. 주어 감각이 달라서 처음에는 조금 어렵게 느껴질 수 있지만 이번 연습을 통해 영어의 주어 감각을 꼭 익히기 바란다. 문법은 잘 몰라도 일단 하려고 하는 말이 입에서 툭툭 튀어나오는 경험을 할 수 있을 것이다.

B

Question 1

영어 세 마디 트레이닝 (기초 편)

STEP 1 : I, You, We — 나와 상대를 표현한다.

다음의 문장을 영어로 바꿔 보자.
A에는 주어를 넣고 **B** 에는 아래 동사 중 하나를 골라 넣고
C에는 문장에 맞는 영어를 직접 넣어 보자.

① 우리는 사무실에서 일하고 있다.

| A | B | C |

② 나는 집에 간다.

| A | B | C |

③ 나는 비밀을 지킨다.

| A | B | C |

④ 우리는 토마토가 필요하다.

| A | B | C |

B make / work / go / find / put / keep / want / need

영어 세 마디 트레이닝 (기초 편)

STEP 1 : I, You, We — 나와 상대를 표현한다.

다음의 문장을 영어로 바꿔 보자.
A에는 주어를 넣고 **B**에는 아래 동사 중 하나를 골라 넣고
C에는 문장에 맞는 영어를 직접 넣어 보자.

① 우리는 사무실에서 일하고 있다.

| We | work | (in an) office |

② 나는 집에 간다.

| I | go | home |

③ 나는 비밀을 지킨다.

| I | keep | (the) secret |

④ 우리는 토마토가 필요하다.

| We | want | tomato(es) |

B　make / work / go / find / put / keep / want / need

Question 2

영어 세 마디 트레이닝 (기초 편) 〔45초〕

STEP 1 : I, You, We — 나와 상대를 표현한다.

다음의 문장을 영어로 바꿔 보자.
A에는 주어를 넣고 **B**에는 아래 동사 중 하나를 골라 넣고
C에는 문장에 맞는 영어를 직접 넣어 보자.

① 너는 잼을 만든다.

A	B	C

② 나는 지우개를 쓴다.

A	B	C

③ 우리는 그 개를 알고 있다.

A	B	C

④ 너는 쉰다.

A	B	C

B go / know / give / use / have / break / make / put

영어 세 마디 트레이닝 (기초 편)

STEP 1 : I, You, We — 나와 상대를 표현한다.

다음의 문장을 영어로 바꿔 보자.
A에는 주어를 넣고 **B**에는 아래 동사 중 하나를 골라 넣고
C에는 문장에 맞는 영어를 직접 넣어 보자.

① 너는 잼을 만든다.

| You | make | (some) jam |

② 나는 지우개를 쓴다.

| I | use | (an) eraser |

③ 우리는 그 개를 알고 있다.

| We | know | (the) dog |

④ 너는 쉰다.

| You | have | (a) rest |

B   go / know / give / use / have / break / make / put

Question 3

영어 세 마디 트레이닝 (기초 편)   45초

STEP 1 : I, You, We — 나와 상대를 표현한다.

다음의 문장을 영어로 바꿔 보자.
A에는 주어를 넣고 **B**에는 아래 동사 중 하나를 골라 넣고
C에는 문장에 맞는 영어를 직접 넣어 보자.

① 우리는 집에 늦게 도착한다.

② 너는 우리를 떠난다.

③ 너는 나를 행복하게 한다.

④ 나는 열쇠가 필요하다.

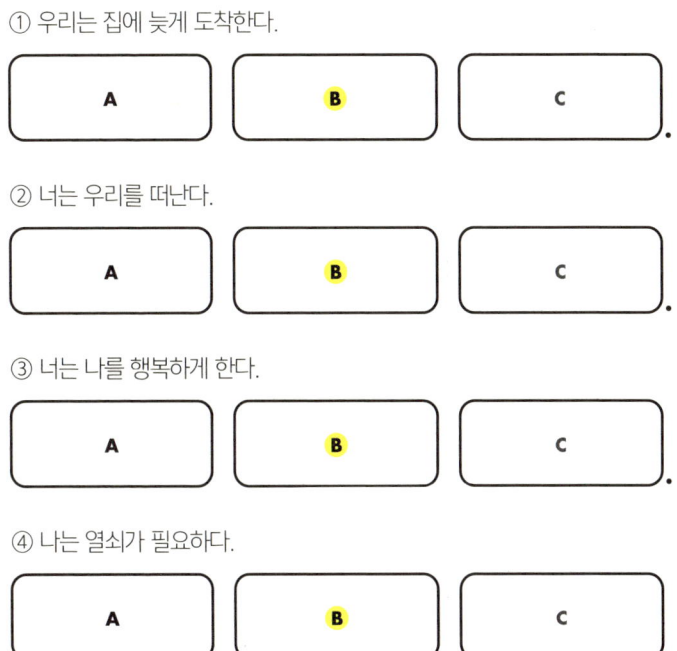

B   make / tell / ask / leave / need / see / get / open

영어 세 마디 트레이닝 (기초 편)

STEP 1 : I, You, We — 나와 상대를 표현한다.

다음의 문장을 영어로 바꿔 보자.
A에는 주어를 넣고 **B**에는 아래 동사 중 하나를 골라 넣고
C에는 문장에 맞는 영어를 직접 넣어 보자.

① 우리는 집에 늦게 도착한다.

| We | get | home (late) |

② 너는 우리를 떠난다.

| You | leave | us |

③ 너는 나를 행복하게 한다.

| You | make | (me) happy [20] |

④ 나는 열쇠가 필요하다.

| I | need | (the) key |

B make / tell / ask / leave / need / see / get / open

[20] 'make happy'는 '행복하게 하다'라는 뜻이다.

Question 4

영어 세 마디 트레이닝 (기초 편)

STEP 1 : I, You, We — 나와 상대를 표현한다.

다음의 문장을 영어로 바꿔 보자.
A에는 주어를 넣고 **B**에는 아래 동사 중 하나를 골라 넣고
C에는 문장에 맞는 영어를 직접 넣어 보자.

① 나는 이야기를 한다.

| A | B | C |

② 너는 스프를 먹는다.

| A | B | C |

③ 나는 저녁을 먹는다.

| A | B | C |

④ 우리는 가게를 연다.

| A | B | C |

B have / go / work / see / tell / open / come / find

영어 세 마디 트레이닝 (기초 편)

STEP 1 : I, You, We — 나와 상대를 표현한다.

다음의 문장을 영어로 바꿔 보자.
A에는 주어를 넣고 **B**에는 아래 동사 중 하나를 골라 넣고
C에는 문장에 맞는 영어를 직접 넣어 보자.

① 나는 이야기를 한다.

| I | tell | (a) story |

② 너는 스프를 먹는다.

| You | have | (some) soup[※21] |

③ 나는 저녁을 먹는다.

| I | have | dinner |

④ 우리는 가게를 연다.

| We | open | (a) store |

B have / go / work / see / tell / open / come / find

※21 'soup'은 'drink', 'eat', 'have' 등의 동사를 쓴다.

Question 5

영어 세 마디 트레이닝 (기초 편)

45초

STEP 1 : I, You, We — 나와 상대를 표현한다.

다음의 문장을 영어로 바꿔 보자.
A에는 주어를 넣고 **B**에는 아래 동사 중 하나를 골라 넣고
C에는 문장에 맞는 영어를 직접 넣어 보자.

① 너는 고양이를 찾는다.

| A | B | C |

② 우리는 방을 깨끗이 한다.

| A | B | C |

③ 가게에서 TV를 본다.

| A | B | C |

④ 너는 아이를 낳는다.

| A | B | C |

B give / make / come / find / see / get / clean / try

영어 세 마디 트레이닝 (기초 편)

STEP 1 : I, You, We — 나와 상대를 표현한다.

다음의 문장을 영어로 바꿔 보자.
A에는 주어를 넣고 **B** 에는 아래 동사 중 하나를 골라 넣고
C에는 문장에 맞는 영어를 직접 넣어 보자.

① 너는 고양이를 찾는다.

| You | find | (a) cat |

② 우리는 방을 깨끗이 한다.

| We | clean | (the) room |

③ 가게에서 TV를 본다.

| I | see | TVs (at the) store※22 |

④ 너는 아이를 낳는다.

| You | give | birth |

B give / make / come / find / see / get / clean / try

※22 'I see TVs'만으로 충분히 전달되지 않을 때는 장소를 붙이면 상황이 더 잘 전달된다.

Question 6

영어 세 마디 트레이닝 (기초 편) 45초

STEP 1 : I, You, We — 나와 상대를 표현한다.

다음의 문장을 영어로 바꿔 보자.
A에는 주어를 넣고 **B**에는 아래 동사 중 하나를 골라 넣고
C에는 문장에 맞는 영어를 직접 넣어 보자.

① 우리는 그 케이크를 남겨 둔다.

A	B	C

② 나는 부탁한다.

A	B	C

③ 너는 칼을 사용한다.

A	B	C

④ 나는 수영장에 간다.

A	B	C

B   go / work / tell / use / see / ask / leave / keep

영어 세 마디 트레이닝 (기초 편)

45초

STEP 1 : I, You, We — 나와 상대를 표현한다.

다음의 문장을 영어로 바꿔 보자.
A에는 주어를 넣고 **B**에는 아래 동사 중 하나를 골라 넣고
C에는 문장에 맞는 영어를 직접 넣어 보자.

① 우리는 그 케이크를 남겨 둔다.

| We | keep | (the) cake |

② 나는 부탁한다.

| I | ask (for) | (a) favor |

③ 너는 칼을 사용한다.

| You | use | (a) knife |

④ 나는 수영장에 간다.

| I | go (to) | (a) swimming pool |

B go / work / tell / use / see / ask / leave / keep

Question 7

영어 세 마디 트레이닝 (기초 편)

STEP 2 : He, She, They — 타인을 설명할 수 있다.

다음의 문장을 영어로 바꿔 보자.
A에는 주어를 넣고 **B**에는 아래 동사 중 하나를 골라 넣고
C에는 문장에 맞는 영어를 직접 넣어 보자.

① 그들은 고양이를 데리고 온다.

| A | B | C |

② 그녀는 이탈리아 출신이다.

| A | B | C |

③ 그들은 기부를 한다.

| A | B | C |

④ 그는 접시를 놓는다.

| A | B | C |

B bring / work / go / find / put / come / want / give

영어 세 마디 트레이닝 (기초 편)

STEP 2 : He, She, They — 타인을 설명할 수 있다.

다음의 문장을 영어로 바꿔 보자.
A에는 주어를 넣고 **B**에는 아래 동사 중 하나를 골라 넣고
C에는 문장에 맞는 영어를 직접 넣어 보자.

① 그들은 고양이를 데리고 온다.

| They | bring | (a) cat |

② 그녀는 이탈리아 출신이다.

| She | comes (from) | Italy |

③ 그들은 기부를 한다.

| They | give | (to) charity. |

④ 그는 접시를 놓는다.

| He | puts | (a) plate (there)※23 |

B　bring / work / go / find / put / come / want / give

※23 'He puts a plate'라고 해도 전달이 되지만 'there'을 넣으면 더 잘 전달된다.

Question 8

영어 세 마디 트레이닝 (기초 편) ⏱ 45초

STEP 2 : He, She, They — 타인을 설명할 수 있다.

다음의 문장을 영어로 바꿔 보자.
A에는 주어를 넣고 **B**에는 아래 동사 중 하나를 골라 넣고
C에는 문장에 맞는 영어를 직접 넣어 보자.

① 그녀가 화면을 닦는다.

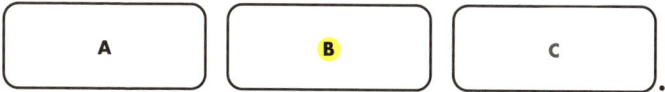

② 그는 재킷을 입어 본다.

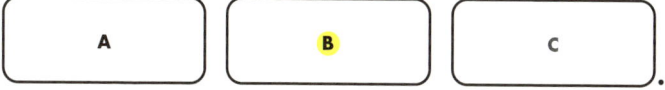

③ 그녀는 잔돈을 챙겨 둔다.

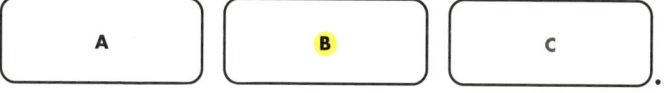

④ 그는 약속을 깬다.

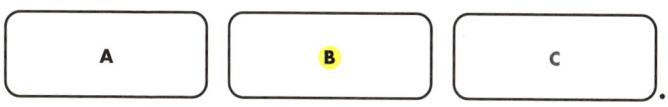

B want / see / clean / put / try / break / open / keep

영어 세 마디 트레이닝 (기초 편)

STEP 2 : He, She, They — 타인을 설명할 수 있다.

다음의 문장을 영어로 바꿔 보자.
A에는 주어를 넣고 **B**에는 아래 동사 중 하나를 골라 넣고
C에는 문장에 맞는 영어를 직접 넣어 보자.

① 그녀가 화면을 닦는다.

| She | cleans | (the) screen |

② 그는 재킷을 입어 본다.

| He | tries on [※24] | (the) jacket. |

③ 그녀는 잔돈을 챙겨 둔다.

| She | keeps | (the) change [※25] |

④ 그는 약속을 깬다.

| He | breaks | (the) promise |

B want / see / clean / put / try / break / open / keep

※24 시착할 때는 'try on~'을 쓴다.
※25 '잔돈'은 'change'를 쓴다.

Question 9

영어 세 마디 트레이닝 (기초 편)

45초

STEP 2 : He, She, They — 타인을 설명할 수 있다.

다음의 문장을 영어로 바꿔 보자.
A에는 주어를 넣고 **B**에는 아래 동사 중 하나를 골라 넣고
C에는 문장에 맞는 영어를 직접 넣어 보자.

① 그는 공원에 간다.

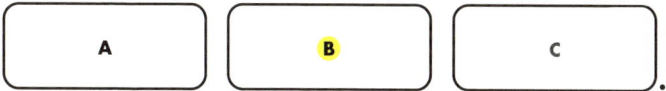

② 그녀는 다이아몬드를 찾는다.

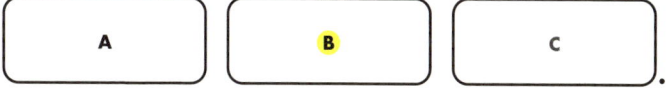

③ 그들은 사실을 알고 있다.

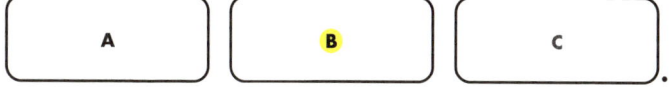

④ 그녀는 도움이 필요하다.

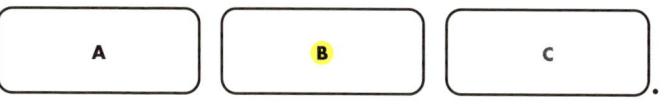

B   know / see / go / break / need / use / find / open

영어 세 마디 트레이닝 (기초 편)

STEP 2 : He, She, They — 타인을 설명할 수 있다.

다음의 문장을 영어로 바꿔 보자.
A에는 주어를 넣고 **B**에는 아래 동사 중 하나를 골라 넣고
C에는 문장에 맞는 영어를 직접 넣어 보자.

① 그는 공원에 간다.

| He | goes | (to the) park |

② 그녀는 다이아몬드를 찾는다.

| She | finds | (a) diamond |

③ 그들은 사실을 알고 있다.

| They | know | (the) fact |

④ 그녀는 도움이 필요하다.

| She | needs | help |

B　know / see / go / break / need / use / find / open

Question 10

영어 세 마디 트레이닝 (기초 편)

STEP 2 : He, She, They — 타인을 설명할 수 있다.

다음의 문장을 영어로 바꿔 보자.
A에는 주어를 넣고 **B**에는 아래 동사 중 하나를 골라 넣고
C에는 문장에 맞는 영어를 직접 넣어 보자.

① 그는 소란을 피운다.

| A | B | C |

② 그들은 방법을 찾는다.

| A | B | C |

③ 그들은 유리잔을 깬다.

| A | B | C |

④ 그녀는 그를 떠난다.

| A | B | C |

B leave / put / find / go / make / use / break / clean

영어 세 마디 트레이닝 (기초 편)

45초

STEP 2 : He, She, They — 타인을 설명할 수 있다.

다음의 문장을 영어로 바꿔 보자.
A에는 주어를 넣고 **B**에는 아래 동사 중 하나를 골라 넣고
C에는 문장에 맞는 영어를 직접 넣어 보자.

① 그는 소란을 피운다.

| He | makes | (a) fuss |

② 그들은 방법을 찾는다.

| They | find | (the) way |

③ 그들은 유리잔을 깬다.

| They | break | (the) glass |

④ 그녀는 그를 떠난다.

| She | leaves | him |

B leave / put / find / go / make / use / break / clean

Question 11

영어 세 마디 트레이닝 (기초 편)

STEP 2 : He, She, They — 타인을 설명할 수 있다.

다음의 문장을 영어로 바꿔 보자.
A에는 주어를 넣고 **B**에는 아래 동사 중 하나를 골라 넣고
C에는 문장에 맞는 영어를 직접 넣어 보자.

① 그들은 뉴스를 전한다.

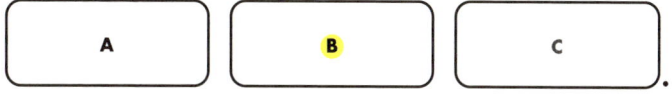

② 그녀는 도구를 사용한다.

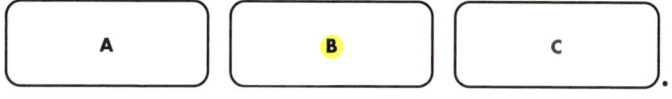

③ 그들은 요점을 이해한다.

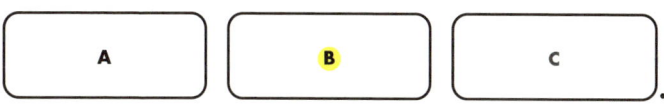

④ 그녀는 침착함을 유지한다.

B see / keep / put / use / clean / tell / open / want

영어 세 마디 트레이닝 (기초 편)

STEP 2 : He, She, They — 타인을 설명할 수 있다.

다음의 문장을 영어로 바꿔 보자.
A에는 주어를 넣고 **B**에는 아래 동사 중 하나를 골라 넣고
C에는 문장에 맞는 영어를 직접 넣어 보자.

① 그들은 뉴스를 전한다.

| They | tell | (us*26 the) news |

② 그녀는 도구를 사용한다.

| She | uses | (a) tool |

③ 그들은 요점을 이해한다.

| They | see | (the) point |

④ 그녀는 침착함을 유지한다.

| She | keeps | calm |

B see / keep / put / use / clean / tell / open / want

※26 'tell'을 쓸 때는 '누구에게 전달했는지'를 넣어주면 상황이 더 잘 전달된다.

Question 12

영어 세 마디 트레이닝 (기초 편)

STEP 3 : 그 외의 주어들 - 사물 전반의 움직임을 설명할 수 있다.

다음의 문장을 영어로 바꿔 보자.
A에는 주어를 넣고 **B**에는 아래 동사 중 하나를 골라 넣고
C에는 문장에 맞는 영어를 직접 넣어 보자.

① 여동생은 의자를 만든다.

| A | B | C |

② 내 개는 계속 짖는다.

| A | B | C |

③ 할머니는 휠체어를 사용하신다.

| A | B | C |

④ 마이클은 희망을 버린다.

| A | B | C |

B keep / tall / leave / use / try / give / make / clean

영어 세 마디 트레이닝(기초 편)

STEP 3 : 그 외의 주어들 - 사물 전반의 움직임을 설명할 수 있다.

다음의 문장을 영어로 바꿔 보자.
A에는 주어를 넣고 **B**에는 아래 동사 중 하나를 골라 넣고
C에는 문장에 맞는 영어를 직접 넣어 보자.

① 여동생은 의자를 만든다.

| **My sister** | **makes** | **(a) chair** |

② 내 개는 계속 짖는다.

| **My dog** | **keeps** | **barking** |

③ 할머니는 휠체어를 사용하신다.

| **Grandma** | **uses** | **(a) wheelchair** |

④ 마이클은 희망을 버린다.

| **Michael** | **gives up** *27 | **hope** |

B keep / tell / leave / use / try / give / make / clean

*27 '포기하다'는 'give up'을 쓴다.

Question 13

영어 세 마디 트레이닝 (기초 편)

STEP 3 : 그 외의 주어들 – 사물 전반의 움직임을 설명할 수 있다.

다음의 문장을 영어로 바꿔 보자.
A에는 주어를 넣고 **B**에는 아래 동사 중 하나를 골라 넣고
C에는 문장에 맞는 영어를 직접 넣어 보자.

① 그렉은 케이크를 가지고 온다.

| A | B | C |

② 학생들은 방을 깨끗이 한다.

| A | B | C |

③ 친구들과 나는 은행에서 일한다.

| A | B | C |

④ 그것은 일본에서 오는 것이다.

| A | B | C |

B bring / ask / open / clean / try / work / come / need

영어 세 마디 트레이닝 (기초 편)

STEP 3 : 그 외의 주어들 – 사물 전반의 움직임을 설명할 수 있다.

다음의 문장을 영어로 바꿔 보자.
A에는 주어를 넣고 **B** 에는 아래 동사 중 하나를 골라 넣고
C에는 문장에 맞는 영어를 직접 넣어 보자.

① 그렉은 케이크를 가지고 온다.

| Greg | brings | (a) cake |

② 학생들은 방을 깨끗이 한다.

| Students | clean | (the) room |

③ 친구들과 나는 은행에서 일한다.

| My friends and I | work | (at the) bank |

④ 그것은 일본에서 오는 것이다.

| It | comes (from) | Japan |

B bring / ask / open / clean / try / work / come / need

Question 14

영어 세 마디 트레이닝 (기초 편)

STEP 3 : 그 외의 주어들 – 사물 전반의 움직임을 설명할 수 있다.

다음의 문장을 영어로 바꿔 보자.
A에는 주어를 넣고 **B**에는 아래 동사 중 하나를 골라 넣고
C에는 문장에 맞는 영어를 직접 넣어 보자.

① 그녀는 취직한다.

| A | B | C |

② 여동생이 내게 간장을 준다.

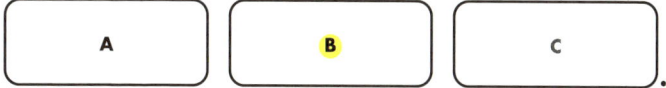

③ 팬들에게는 행복이 필요하다.

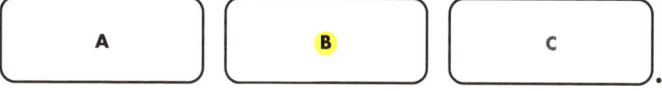

④ 로버트는 달걀을 챙겨 둔다.

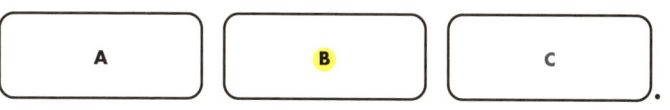

B   put / find / need / give / get / tell / keep / take

영어 세 마디 트레이닝 (기초 편)

STEP 3 : 그 외의 주어들 – 사물 전반의 움직임을 설명할 수 있다.

다음의 문장을 영어로 바꿔 보자.
A에는 주어를 넣고 **B**에는 아래 동사 중 하나를 골라 넣고
C에는 문장에 맞는 영어를 직접 넣어 보자.

① 그녀는 취직한다.

| Yumiko | gets | (a) job |

② 여동생이 내게 간장을 준다.

| My sister | gives | (me) ※28 soy sauce |

③ 팬들에게는 행복이 필요하다.

| Fans | need | to be happy |

④ 로버트는 달걀을 챙겨 둔다.

| Robert | keeps | eggs (for later) |

B   put / find / need / give / get / tell / keep / take

※28 '누구에게'를 넣으면 상황이 더 잘 전달된다.

Question 15

영어 세 마디 트레이닝 (기초 편)

STEP 3 : 그 외의 주어들 – 사물 전반의 움직임을 설명할 수 있다.

다음의 문장을 영어로 바꿔 보자.
A에는 주어를 넣고 **B**에는 아래 동사 중 하나를 골라 넣고
C에는 문장에 맞는 영어를 직접 넣어 보자.

① 그녀의 남자친구는 차를 청소한다.

| A | B | C |

② 우리 아빠는 일하러 간다.

| A | B | C |

③ 삼촌에게 혼난다.

| A | B | C |

④ 우리 개는 어지럽힌다.

| A | B | C |

B make / ask / leave / see / tell / give / clean / take

영어 세 마디 트레이닝 (기초 편)

STEP 3 : 그 외의 주어들 – 사물 전반의 움직임을 설명할 수 있다.

다음의 문장을 영어로 바꿔 보자.
A에는 주어를 넣고 **B**에는 아래 동사 중 하나를 골라 넣고
C에는 문장에 맞는 영어를 직접 넣어 보자.

① 그녀의 남자친구는 차를 청소한다.

Her boyfriend / **cleans** / **(a) car**.

② 우리 아빠는 일하러 간다.

My dad / **leaves for**[※29] / **work**.

③ 삼촌에게 혼난다.

My uncle / **tells** / **me off**[※30].

④ 우리 개는 어지럽힌다.

Our dog / **makes** / **(a) mess**.

B   make / ask / leave / see / tell / give / clean / take

※29 'leave for'는 '~로 출발하다, 향하다'라는 뜻이다.
※30 'tell ~ off'는 '야단치다'라는 뜻이다.

Question 16

영어 세 마디 트레이닝 (기초 편)

STEP 3 : 그 외의 주어들 – 사물 전반의 움직임을 설명할 수 있다.

다음의 문장을 영어로 바꿔 보자.
A에는 주어를 넣고 **B**에는 아래 동사 중 하나를 골라 넣고
C에는 문장에 맞는 영어를 직접 넣어 보자.

① 샘은 조깅을 하러 간다.

| A | B | C |

② 여동생은 좋은 하루를 보낸다.

| A | B | C |

③ 우리 선생님은 계속 춤을 춘다.

| A | B | C |

④ 내 상사는 일을 가져온다.

| A | B | C |

B go / use / have / keep / tell / bring / make / come

영어 세 마디 트레이닝 [기초 편]

STEP 3 : 그 외의 주어들 – 사물 전반의 움직임을 설명할 수 있다.

다음의 문장을 영어로 바꿔 보자.
A에는 주어를 넣고 **B** 에는 아래 동사 중 하나를 골라 넣고
C에는 문장에 맞는 영어를 직접 넣어 보자.

① 샘은 조깅을 하러 간다.

| Sam | goes | jogging |

② 여동생은 좋은 하루를 보낸다.

| My sister | has*31 | (a) good day |

③ 우리 선생님은 계속 춤을 춘다.

| Our teacher | keeps | dancing |

④ 내 상사는 일을 가져온다.

| My boss | brings | (me) task(s)*32 |

B   go / use / have / keep / tell / bring / make / come

*31 문법적으로는 'has'가 맞지만, 'have'라고 해도 전달은 된다.
*32 'bring'은 '누구에게'를 붙이면 상황이 더 잘 전달된다.

Question 1

영어 세 마디 트레이닝 (상황 편)

45초

네이티브가 다음과 같이 말했다. 세 마디로 대답해 보자.
동사는 15쪽에 나와 있는 25개 동사 중에서 골라 써 보자.
필요에 따라 단어를 추가하거나, 전치사와 관사 등을 넣어
세 마디 이상으로 만들거나, 의문문 또는 부정문으로 만들어도 좋다.

> 네이티브 : **I go to lunch.** (저는 점심을 먹으러 가요.)

> 나 : **Oh!** (아!)
> _____ _____ _____.

영어 세 마디 트레이닝 (상황 편)

네이티브가 다음과 같이 말했다. 세 마디로 대답해 보자.
동사는 15쪽에 나와 있는 25개 동사 중에서 골라 써 보자.
필요에 따라 단어를 추가하거나, 전치사와 관사 등을 넣어
세 마디 이상으로 만들거나, 의문문 또는 부정문으로 만들어도 좋다.

네이티브 : **I go to lunch.**

[답변 예시]

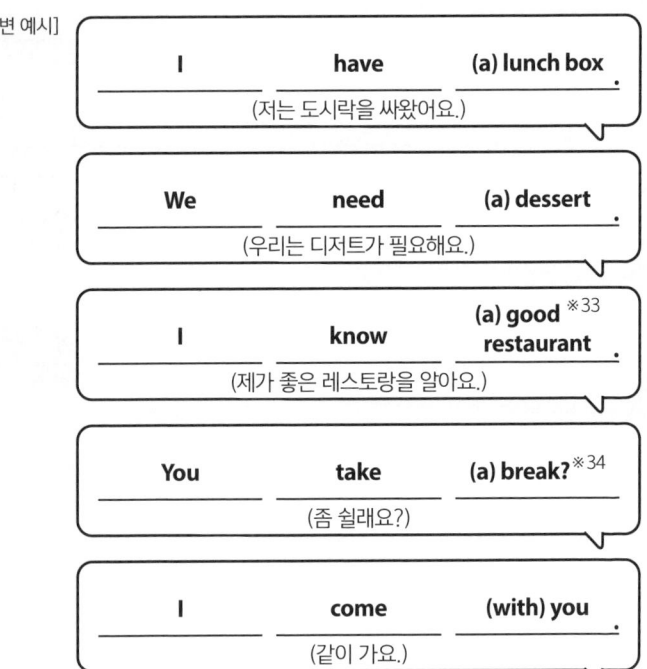

| I | have | (a) lunch box . |

(저는 도시락을 싸왔어요.)

| We | need | (a) dessert . |

(우리는 디저트가 필요해요.)

| I | know | (a) good *33 restaurant . |

(제가 좋은 레스토랑을 알아요.)

| You | take | (a) break? *34 |

(좀 쉴래요?)

| I | come | (with) you . |

(같이 가요.)

※33 명사 앞에 형용사를 넣으면 명사를 더 자세히 설명할 수 있어 상황이 더 잘 전달된다.
※34 구어체에서는 질문형으로 바꾸지 않고 물음표만 붙여도(끝만 올려 말해도) 의문문이 된다.

Question 2
영어 세 마디 트레이닝 (상황 편)

45초

네이티브가 다음과 같이 말했다. 세 마디로 대답해 보자.
동사는 15쪽에 나와 있는 25개 동사 중에서 골라 써 보자.
필요에 따라 단어를 추가하거나, 전치사와 관사 등을 넣어
세 마디 이상으로 만들거나, 의문문 또는 부정문으로 만들어도 좋다.

> 네이티브 : **They go to school.** (그들은 학교에 가요.)

> 나 : **Wow!** (우아!)
> _____ _____ _____ .

영어 두 마디 트레이닝 **Chapter 4**

영어 세 마디 트레이닝 (상황 편)

45초

네이티브가 다음과 같이 말했다. 세 마디로 대답해 보자.
동사는 15쪽에 나와 있는 25개 동사 중에서 골라 써 보자.
필요에 따라 단어를 추가하거나, 전치사와 관사 등을 넣어
세 마디 이상으로 만들거나, 의문문 또는 부정문으로 만들어도 좋다.

네이티브 : **They go to school.**

[답변 예시]

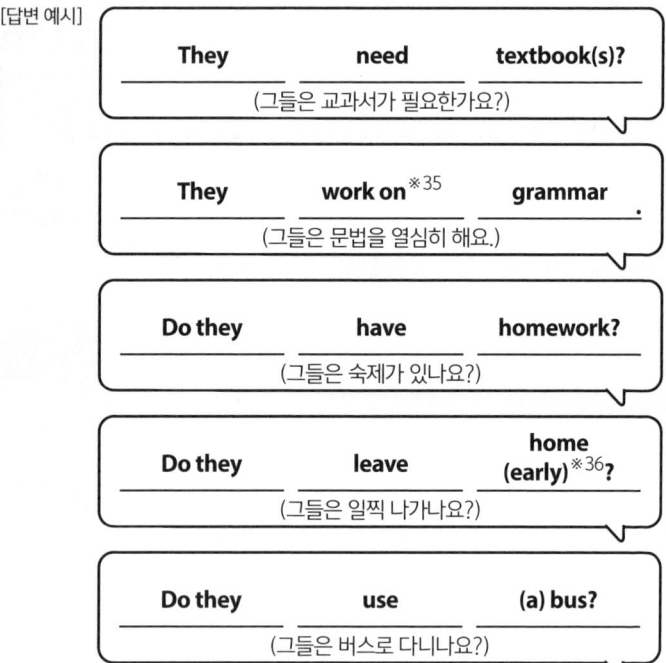

| They | need | textbook(s)? |

(그들은 교과서가 필요한가요?)

| They | work on [*35] | grammar . |

(그들은 문법을 열심히 해요.)

| Do they | have | homework? |

(그들은 숙제가 있나요?)

| Do they | leave | home (early)[*36]? |

(그들은 일찍 나가나요?)

| Do they | use | (a) bus? |

(그들은 버스로 다니나요?)

※35 'work on'은 '~에 힘쓰다'라는 뜻이다.
※36 'early'라는 부사는 동사 'leave'를 더 상세히 설명해 준다.

Question 3

영어 세 마디 트레이닝 (상황 편) **45초**

네이티브가 다음과 같이 말했다. 세 마디로 대답해 보자.
동사는 15쪽에 나와 있는 25개 동사 중에서 골라 써 보자.
필요에 따라 단어를 추가하거나, 전치사와 관사 등을 넣어
세 마디 이상으로 만들거나, 의문문 또는 부정문으로 만들어도 좋다.

> 네이티브 : **My sister knows the man.**
> (제 여동생이 그 남자를 알아요.)

> 나 : **I know!** (알아요!)
> _____ _____ _____ .

영어 세 마디 트레이닝 (상황 편)

네이티브가 다음과 같이 말했다. 세 마디로 대답해 보자.
동사는 15쪽에 나와 있는 25개 동사 중에서 골라 써 보자.
필요에 따라 단어를 추가하거나, 전치사와 관사 등을 넣어
세 마디 이상으로 만들거나, 의문문 또는 부정문으로 만들어도 좋다.

네이티브 : **My sister knows the man.**

[답변 예시]

| I | see | him (on TV)[37] |

(저는 그 사람을 TV에서 봐요.)

| I | have | (his) picture |

(저는 그의 사진이 있어요.)

| I | want | (his)[38] signature |

(저는 그에게 사인을 받고 싶어요.)

| My uncle | knows | him too! |

(우리 삼촌도 그를 알아요.)

| He | works | with me[39] |

(그는 저와 함께 일해요.)

---

[37] 'TV에서'라는 뜻의 'on TV'를 넣으면 상황이 더 잘 전달된다.
[38] '누구의'를 넣으면 상황이 더 잘 전달된다.
[39] 'with'를 붙이면 '~와 함께'라는 뜻이 된다.

Question 4

영어 세 마디 트레이닝 (상황 편) 45초

네이티브가 다음과 같이 말했다. 세 마디로 대답해 보자.
동사는 15쪽에 나와 있는 25개 동사 중에서 골라 써 보자.
필요에 따라 단어를 추가하거나, 전치사와 관사 등을 넣어
세 마디 이상으로 만들거나, 의문문 또는 부정문으로 만들어도 좋다.

네이티브 : **She asks for help.** (그녀가 도움을 요청해요.)

나 : **I think** (제 생각에는)

_____ _____ _____ .

영어 세 마디 트레이닝 (상황 편)

네이티브가 다음과 같이 말했다. 세 마디로 대답해 보자.
동사는 15쪽에 나와 있는 25개 동사 중에서 골라 써 보자.
필요에 따라 단어를 추가하거나, 전치사와 관사 등을 넣어
세 마디 이상으로 만들거나, 의문문 또는 부정문으로 만들어도 좋다.

네이티브 : **She asks for help.**

[답변 예시]

| She | knows | somebody . |

(그녀가 아는 사람이 있어요.)

| We | find | (a) solution . |

(우리는 방법을 찾아요.)

| She | gets | (the) guidebook . |

(그녀는 가이드북을 가지고 있어요.)

| My friend | works | (at the)[※40] police station . |

(제 친구는 경찰서에서 일해요.)

| She | needs | (a) mechanic . |

(그녀는 정비 기사가 필요해요.)

※40 장소 앞에는 'at the'가 들어가는 경우가 많다.

Question 5

영어 세 마디 트레이닝 (상황 편)

45초

네이티브가 다음과 같이 말했다. 세 마디로 대답해 보자.
동사는 15쪽에 나와 있는 25개 동사 중에서 골라 써 보자.
필요에 따라 단어를 추가하거나, 전치사와 관사 등을 넣어
세 마디 이상으로 만들거나, 의문문 또는 부정문으로 만들어도 좋다.

> 네이티브 : **We have a test.** (우리는 시험이 있어요.)

> 나 : **Really?** (정말이요?)
> _____ _____ _____ .

영어 세 마디 트레이닝 (상황 편)

네이티브가 다음과 같이 말했다. 세 마디로 대답해 보자.
동사는 15쪽에 나와 있는 25개 동사 중에서 골라 써 보자.
필요에 따라 단어를 추가하거나, 전치사와 관사 등을 넣어
세 마디 이상으로 만들거나, 의문문 또는 부정문으로 만들어도 좋다.

네이티브 : **We have a test.**

[답변 예시]

Do we   bring   textbook(s)?
(우리는 교과서를 가져가야 하나요?)

I   have   question(s).
(저는 질문이 있어요.)

I don't   have   time.
(저는 시간이 없어요.)

My teacher   gives   (at) test too!
(우리 선생님도 시험을 내 줘요!)

I   try   my best.
(저는 최선을 다할 거예요.)

Question 6

영어 세 마디 트레이닝 (상황 편)

45초

네이티브가 다음과 같이 말했다. 세 마디로 대답해 보자.
동사는 15쪽에 나와 있는 25개 동사 중에서 골라 써 보자.
필요에 따라 단어를 추가하거나, 전치사와 관사 등을 넣어
세 마디 이상으로 만들거나, 의문문 또는 부정문으로 만들어도 좋다.

> 네이티브 : **He keeps working.** (그는 계속 일만 해요.)

> 나 : **Well,** (음,)
> _____ _____ _____ .

영어 두 마디 트레이닝 **Chapter 4**

영어 세 마디 트레이닝 (상황 편)

네이티브가 다음과 같이 말했다. 세 마디로 대답해 보자.
동사는 15쪽에 나와 있는 25개 동사 중에서 골라 써 보자.
필요에 따라 단어를 추가하거나, 전치사와 관사 등을 넣어
세 마디 이상으로 만들거나, 의문문 또는 부정문으로 만들어도 좋다.

네이티브 : **He keeps working.**

[답변 예시]

He **needs** **(a) break**.
(그는 휴식이 필요해요.)

I **give** **(him)**[41] **(a) hand**.
(저는 그를 도와줄 거예요.)

He **makes** **(more)**[42] **money**.
(그는 돈을 더 많이 벌어요.)

He **wants** **(a) promotion**.
(그는 승진을 원해요.)

I **know** **why**[43].
(저는 그 이유를 알아요.)

※41 'give a hand'는 '도와주다'라는 뜻이다. 여기에 '누구에게'를 넣으면 상황이 더 잘 전달된다.
※42 'more'를 붙이면 '지금보다 더'라는 의미로 '지금도 있지만 더'라는 상황이 더 잘 전달된다.
※43 'I know why'는 '이유를 알고 있다'는 뜻이다.

Question 7

영어 세 마디 트레이닝 (상황 편)

45초

네이티브가 다음과 같이 말했다. 세 마디로 대답해 보자.
동사는 15쪽에 나와 있는 25개 동사 중에서 골라 써 보자.
필요에 따라 단어를 추가하거나, 전치사와 관사 등을 넣어
세 마디 이상으로 만들거나, 의문문 또는 부정문으로 만들어도 좋다.

> 네이티브 : **My husband gave me a gift.**
> (남편이 저에게 선물을 줬어요.)

> 나 : **That's great!** (정말 잘됐네요!)
> _____ _____ _____.

영어 세 마디 트레이닝 (상황 편)

네이티브가 다음과 같이 말했다. 세 마디로 대답해 보자.
동사는 15쪽에 나와 있는 25개 동사 중에서 골라 써 보자.
필요에 따라 단어를 추가하거나, 전치사와 관사 등을 넣어
세 마디 이상으로 만들거나, 의문문 또는 부정문으로 만들어도 좋다.

네이티브 : **My husband gave me a gift.**

[답변 예시]

| He | makes | you happy . |

(남편이 당신을 행복하게 해 주네요.)

| I | know | that . |

(저는 그 사실을 알고 있어요.)

| Do you | use | it? |

(그것을 쓰고 있나요?)

| Do you | keep | (it) safe?*44 |

(잘 보관하고 있나요?)

| I | want | (a) gift too! |

(저도 선물을 받고 싶어요!)

※44 '무엇을'을 넣으면 상황이 더 잘 전달된다.

Question 8

영어 세 마디 트레이닝 (상황 편)

45초

네이티브가 다음과 같이 말했다. 세 마디로 대답해 보자.
동사는 15쪽에 나와 있는 25개 동사 중에서 골라 써 보자.
필요에 따라 단어를 추가하거나, 전치사와 관사 등을 넣어
세 마디 이상으로 만들거나, 의문문 또는 부정문으로 만들어도 좋다.

> 네이티브 : **Maya wants a new dog.**
> (마야는 새로운 개를 원해요.)

> 나 : **Does she?** (그래요?)
> _____ _____ _____.

Answer8

영어 세 마디 트레이닝(상황 편) 45초

네이티브가 다음과 같이 말했다. 세 마디로 대답해 보자.
동사는 15쪽에 나와 있는 25개 동사 중에서 골라 써 보자.
필요에 따라 단어를 추가하거나, 전치사와 관사 등을 넣어
세 마디 이상으로 만들거나, 의문문 또는 부정문으로 만들어도 좋다.

네이티브 : **Maya wants a new dog.**

[답변 예시]

Does she	**have**	**(any※45 other) pet(s)?**

(그녀는 다른 반려동물이 있나요?)

Does she	**go to**	**(a) pet shop?**

(그녀는 펫샵에 가나요?)

I	**want**	**(a) dog too!**

(저도 개를 원해요.)

She	**has**	**an allergy** .

(그녀는 알레르기가 있어요.)

Does she	**need**	**it?**

(그녀에게 개가 필요하나요?)

※45 'any other'은 '다른~'이라는 뜻이다.

Question 9

영어 세 마디 트레이닝 [상황 편]

45초

네이티브가 다음과 같이 말했다. 세 마디로 대답해 보자.
동사는 15쪽에 나와 있는 25개 동사 중에서 골라 써 보자.
필요에 따라 단어를 추가하거나, 전치사와 관사 등을 넣어
세 마디 이상으로 만들거나, 의문문 또는 부정문으로 만들어도 좋다.

> 네이티브 : **My mom cleans the room.**
> (엄마가 방 청소를 해줘요.)

> 나 : **Seriously?** (정말이에요?)
> _____ _____ _____.

영어 두 마디 트레이닝 **Chapter 4**

Answer

영어 세 마디 트레이닝(상황 편)

45초

네이티브가 다음과 같이 말했다. 세 마디로 대답해 보자.
동사는 15쪽에 나와 있는 25개 동사 중에서 골라 써 보자.
필요에 따라 단어를 추가하거나, 전치사와 관사 등을 넣어
세 마디 이상으로 만들거나, 의문문 또는 부정문으로 만들어도 좋다.

네이티브 : **My mom cleans the room.**

[답변 예시]

Don't you / **clean** / **(the) room?**
(당신이 방을 청소하지 않아요?)

Does she / **use** / **(a) vacuum cleaner?**
(어머니가 청소기를 쓰시나요?)

Clean※46 / **it** / **yourself**.
(청소는 스스로 하세요.)

I / **clean** / **my room**.
(제 방은 제가 치워요.)

You / **don't have** / **time?**
(당신은 시간이 없나요?)

※46 동사로 시작하면 '~해라'라는 명령형이 된다.

Question 10

영어 세 마디 트레이닝 (상황 편)

네이티브가 다음과 같이 말했다. 세 마디로 대답해 보자.
동사는 15쪽에 나와 있는 25개 동사 중에서 골라 써 보자.
필요에 따라 단어를 추가하거나, 전치사와 관사 등을 넣어
세 마디 이상으로 만들거나, 의문문 또는 부정문으로 만들어도 좋다.

> 네이티브 : **I didn't find the book.** (책을 못 찾았어요.)

> 나 : **Oh no...!**
> _____ _____ _____ .

영어 세 마디 트레이닝 (상황 편)

45초

네이티브가 다음과 같이 말했다. 세 마디로 대답해 보자.
동사는 15쪽에 나와 있는 25개 동사 중에서 골라 써 보자.
필요에 따라 단어를 추가하거나, 전치사와 관사 등을 넣어
세 마디 이상으로 만들거나, 의문문 또는 부정문으로 만들어도 좋다.

네이티브 : **I didn't find the book.**

[답변 예시]

| I | have | one |
(저한테 한 권이 있어요.)

| We | need | it |
(우리는 그것이 필요해요.)

| You | put | (it) away |※47
(당신이 치워요.)

| I | see | it (there) |※48
(거기 있는 것을 봤어요.)

| I | get | (another) copy |※49
(다른 복사본이 있어요.)

※47 'put away'는 '치우다, 정리하다'라는 뜻이다.
※48 '어디에'를 넣으면 상황이 더 잘 전달된다.
※49 'another'를 넣으면 '다른'이라는 뜻이 된다.

Question 11

영어 세 마디 트레이닝 (상황 편)

네이티브가 다음과 같이 말했다. 세 마디로 대답해 보자.
동사는 15쪽에 나와 있는 25개 동사 중에서 골라 써 보자.
필요에 따라 단어를 추가하거나, 전치사와 관사 등을 넣어
세 마디 이상으로 만들거나, 의문문 또는 부정문으로 만들어도 좋다.

> 네이티브 : **A celebrity is on Clubhouse.**
> (유명인이 클럽하우스(앱)에 있어요.)

> 나 : **I know!** (알고 있어요!)
> _____ _____ _____ .

영어 두 마디 트레이닝 **Chapter 4**

영어 세 마디 트레이닝 (상황 편)

네이티브가 다음과 같이 말했다. 세 마디로 대답해 보자.
동사는 15쪽에 나와 있는 25개 동사 중에서 골라 써 보자.
필요에 따라 단어를 추가하거나, 전치사와 관사 등을 넣어
세 마디 이상으로 만들거나, 의문문 또는 부정문으로 만들어도 좋다.

네이티브 : **A celebrity is on Clubhouse.**

[답변 예시]

| I | find | (the) room |

(그 대화방을 찾고 있어요.)

| I | go*50 | with you |

(당신과 같이 갈 거예요.)

| I | don't use | it |

(그 앱을 사용하지 않아요.)

| I | tell | my follower(s) |

(제 팔로워들에게 알려 줄 거예요.)

| I | see | (his) name |

(저는 그의 이름을 봤어요.)

※50 'room에 같이 가다'라고 할 때는 'go'를 쓴다.

Question 12

영어 세 마디 트레이닝 (상황 편)

네이티브가 다음과 같이 말했다. 세 마디로 대답해 보자.
동사는 15쪽에 나와 있는 25개 동사 중에서 골라 써 보자.
필요에 따라 단어를 추가하거나, 전치사와 관사 등을 넣어
세 마디 이상으로 만들거나, 의문문 또는 부정문으로 만들어도 좋다.

> 네이티브 : **My husband leaves the house at 6 a.m.**
> (남편은 오전 6시에 집에서 나가요.)

> 나 : **Wow, that's early!** (우아, 일찍이네요!)
> _____ _____ _____.

영어 세 마디 트레이닝 (상황 편)

네이티브가 다음과 같이 말했다. 세 마디로 대답해 보자.
동사는 15쪽에 나와 있는 25개 동사 중에서 골라 써 보자.
필요에 따라 단어를 추가하거나, 전치사와 관사 등을 넣어
세 마디 이상으로 만들거나, 의문문 또는 부정문으로 만들어도 좋다.

네이티브 : **My husband leaves the house at 6 a.m.**

[답변 예시]

Does he　　take　　(a) train?
(그는 열차를 타고 가나요?)

Does he　　work　　in (an) office?
(그는 사무실에서 일하나요?)

I　　leave　　at 8 a.m.
(저는 오전 8시에 나가요.)

Does he　　have　　breakfast?
(그는 아침을 먹나요?)

Do you　　make　　(a) lunch box[51] **(for him).**
(당신은 남편에게 도시락을 싸 주나요?)

---

[51] '누구에게(for 누구)'를 붙이면 상황이 더 잘 전달된다.

Question 13

영어 세 마디 트레이닝 (상황 편)

네이티브가 다음과 같이 말했다. 세 마디로 대답해 보자.
동사는 15쪽에 나와 있는 25개 동사 중에서 골라 써 보자.
필요에 따라 단어를 추가하거나, 전치사와 관사 등을 넣어
세 마디 이상으로 만들거나, 의문문 또는 부정문으로 만들어도 좋다.

> 네이티브 : **I need a break.** (저는 휴식이 필요해요.)

> 나 : **Do you?** (그래요?)
> _____ _____ _____ .

영어 세 마디 트레이닝 (상황 편)

네이티브가 다음과 같이 말했다. 세 마디로 대답해 보자.
동사는 15쪽에 나와 있는 25개 동사 중에서 골라 써 보자.
필요에 따라 단어를 추가하거나, 전치사와 관사 등을 넣어
세 마디 이상으로 만들거나, 의문문 또는 부정문으로 만들어도 좋다.

네이티브 : **I need a break.**

[답변 예시]

| I | need | one too! |
(저도 그래요.)

| **Do you** | **ask** | **(the) boss?** |
(상사에게 물어보나요?)

| **You** | **have** | **(some) rest** .
(휴식을 가져요.)

| **You** | **use** | **(your) vacation** .
(휴가를 써요.)

| **Everybody** | **wants** | **one** .
(모든 사람들이 원하죠.)

Question 14

영어 세 마디 트레이닝 (상황 편)

45초

네이티브가 다음과 같이 말했다. 세 마디로 대답해 보자.
동사는 15쪽에 나와 있는 25개 동사 중에서 골라 써 보자.
필요에 따라 단어를 추가하거나, 전치사와 관사 등을 넣어
세 마디 이상으로 만들거나, 의문문 또는 부정문으로 만들어도 좋다.

> 네이티브 : **Do you see the charger?**
> (충전기 봤어요?)

> 나 : **For your iPhone?** (당신의 아이폰용이요?)
> _____ _____ _____ .

영어 두 마디 트레이닝 **Chapter 4**

Answer 14

영어 세 마디 트레이닝 (상황 편)

네이티브가 다음과 같이 말했다. 세 마디로 대답해 보자.
동사는 15쪽에 나와 있는 25개 동사 중에서 골라 써 보자.
필요에 따라 단어를 추가하거나, 전치사와 관사 등을 넣어
세 마디 이상으로 만들거나, 의문문 또는 부정문으로 만들어도 좋다.

네이티브 : **Do you see the charger?**

[답변 예시]

| Your sister | uses | it |
(당신 여동생이 쓰고 있어요.)

| I | have | one |
(저한테 하나 있어요.)

| I | don't see | it |
(저는 못 봤어요.)

| I | want | (it) too! |
(저도 원해요.)

| I | put | (it) away |
(제가 치웠어요.)

Question 15

영어 세 마디 트레이닝 (상황 편)

네이티브가 다음과 같이 말했다. 세 마디로 대답해 보자.
동사는 15쪽에 나와 있는 25개 동사 중에서 골라 써 보자.
필요에 따라 단어를 추가하거나, 전치사와 관사 등을 넣어
세 마디 이상으로 만들거나, 의문문 또는 부정문으로 만들어도 좋다.

> 네이티브 : **My mom gives a speech every month.**
> (우리 엄마는 매달 강연을 해요.)

> 나 : **Does she?** (그러세요?)
> _____ _____ _____ .

영어 세 마디 트레이닝 (상황 편)

네이티브가 다음과 같이 말했다. 세 마디로 대답해 보자.
동사는 15쪽에 나와 있는 25개 동사 중에서 골라 써 보자.
필요에 따라 단어를 추가하거나, 전치사와 관사 등을 넣어
세 마디 이상으로 만들거나, 의문문 또는 부정문으로 만들어도 좋다.

네이티브 : **My mom gives a speech every month.**

[답변 예시]

Does she   **get**   **nervous?**
(어머니는 긴장하세요?)

We   **see**   **(her) on TV**.
(우리는 TV에서 그녀를 봐요.)

I   **tell**   **my friends**.
(친구들한테 말해 줄래요.)

Your mother   **works**   **hard**[※52].
(당신의 어머니는 일을 열심히 하네요.)

I   **don't know**   **the dates**.
(날짜를 모르겠어요.)

※52 부사 'hard'를 넣어 동사를 더 상세히 표현할 수 있다.

Chapter 5

[STEP 3] 영어 네 마디 트레이닝
-영어권 초등학생 수준의 스토리텔링 능력을 키운다

모국어로 직역하지 않으면 영어의 시제를 익힐 수 있다

한국어와 일본어는 시제가 애매해도 말이 통한다. 그런데 이를 직역해서 영어로 하면 뜻이 제대로 전달되지 않는다. 예를 들어, "앞으로 테니스 교실에 다니려고 생각해"를 영어로 하면 "I think I go to tennis school"이라고 생각하는 사람들이 많을 것이다. 하지만 정확히는 "I'm going to go to tennis school"이다.

네이티브에게 "I think I go to tennis school"이라고 말하면 '현재 테니스 교실에 다니고 있고 오늘은 수업이 있어서 간다'는 뜻으로 이해할 것이다. 'I think'는 있으나 없으나 큰 차이는 없지만 오히려 없는 편이 자연스럽다.

과거형과 현재 완료형의 차이는 영어를 가르치는 입장에서도 헷갈릴 때가 있다. 유연하게 감을 잡아야 한다. 시제를 마스터하려면 머리가 아니라 네 마디 트레이닝을 통해 감으로 익히는 것이 효과적이다. 주어와 마찬가지로 반복 학습을 통해 시제도 감을 잡을 수 있도록 하자.

영어의 현재형, 과거형, 미래형 3가지 시제를 마스터하자

 우리가 마스터해야 하는 영어 시제는 현재형, 과거형, 미래형 세 가지다. 이것만 익히면 영어권 초등학생처럼 스토리텔링을 갖춘 내용을 전달할 수 있다. 이야기의 배경에 시간의 흐름이 보이기 시작하면 이야기가 한층 더 깊어질 수 있다.

 반면 과거형으로 말해야 할 경우에 현재형으로 말하거나, 미래형으로 말해야 할 경우에 현재형으로 말하면 이야기가 방향을 잃는다. 과거의 이야기인 줄 알았는데 갑자기 미래로 시제가 튀는 경우가 있다. 누구나 'play tennis'라는 표현은 알아도 "어제 테니스를 쳤는데 너무 안 돼서 이제 테니스 교실에 다니려고 생각 중이야"라고 말하고 건 어려워한다. "어제 테니스를 쳤는데 너무 안 돼서"는 과거형이고, "이제 테니스 교실에 다니려고"는 미래형이며, "~생각 중이야"는 현재형이다.

 이때는 직역하지 말고 상황에 맞춰서 이야기하는 것이 좋다. 이러한 영어의 시제 감각을 잡을 수 있도록 하기 위해 '구어체'로 연습을 한다. 예를 들어 "She opens the box"라는 문장은 문어체로 "그녀는 상자를 열었다"로 번역할 수 있지만, 평소 대화를 할 때처럼 "쟤, 상자 열었어" 정도로 말한다.

 이렇게 구어체로 연습하면 직역하는 습관을 없애 영어의 감을 잡는 데 도움이 된다. 상황만 파악할 수 있으면 그걸로 충분하다. 중요한 것은 입에서 반사적으로 영어가 나오느냐 하는 것이다. 네 마디 트레이닝에는 시제가 들어가거나 조동사가 들어가기 때문에 두 마디와 세 마디 트레이닝보다 레벨이 많이 올라간다. '문장이 왜 이렇게 되지?'라는 식으로 머리로 생각하지 말고 네 마디로 하고 싶은 말을 할 수 있는가에 집중해 트레이닝을 하자. 그럼 영어로 스토리텔링이 좋은 커뮤니케이션을 할 수 있다. 이렇게 네 마디로 말할 수 있으면 네이티브와 대화를 충분히 즐길 수 있다.

Question 1

영어 네 마디 트레이닝 (기초 편)

STEP 1 : 현재형

A, **B**, **C**에 문장에 맞는 영어를 넣어 보자.
동사는 15쪽에 나와 있는 25개 동사 중에서 골라 써 보자.

① 우리 아버지는 매일 질문을 한다.

| A | B | questions | C |

② 그는 평소 연필을 쓴다.

| A | B | C | pencils |

③ 마이크는 아침에 집을 나간다.

| A | B | home | C |

④ 우리는 저녁 7시에 저녁을 먹는다.

| A | B | dinner | C |

영어 네 마디 트레이닝 (기초 편)

STEP 1 : 현재형

A, **B**, **C**에 문장에 맞는 영어를 넣어 보자.
동사는 15쪽에 나와 있는 25개 동사 중에서 골라 써 보자.

① 우리 아버지는 매일 질문을 한다.

| My dad | asks me | questions | every day |

② 그는 평소 연필을 쓴다.

| He | usually | uses | pencils |

③ 마이크는 아침에 집을 나간다.

| Mike | leaves | home | in the morning |

④ 우리는 저녁 7시에 저녁을 먹는다.

| We | have | dinner | at 7 p.m. |

Question 2

영어 네 마디 트레이닝 (기초 편)

45초

STEP 1 : 현재형

A, **B**, **C**에 문장에 맞는 영어를 넣어 보자.
동사는 15쪽에 나와 있는 25개 동사 중에서 골라 써 보자.

① 주말에는 수면이 필요하다.

| A | B | sleep | C |

② 그녀는 매일 아침 커피를 마신다.

| A | B | coffee | C |

③ 의사들은 저녁에 병원에 간다.

| A | B | (the) hospital | C |

④ 그들은 항상 어지럽힌다.

| A | B | (a) mess | C |

영어 네 마디 트레이닝 (기초 편)

STEP 1 : 현재형

A, **B**, **C**에 문장에 맞는 영어를 넣어 보자.
동사는 15쪽에 나와 있는 25개 동사 중에서 골라 써 보자.

① 주말에는 수면이 필요하다.

| I | need | sleep | on weekends |

② 그녀는 매일 아침 커피를 마신다.

| She | drinks | coffee | every morning |

③ 의사들은 저녁에 병원에 간다.

| Doctors | go to | (the) hospital | in the evening |

④ 그들은 항상 어지럽힌다.

| They | make | (a) mess | all (the) time |

Question 3

영어 네 마디 트레이닝 (기초 편) **45초**

STEP 1 : 현재형

A, **B**, **C**에 문장에 맞는 영어를 넣어 보자.
동사는 15쪽에 나와 있는 25개 동사 중에서 골라 써 보자.

① 내가 항상 대화를 시작한다.

| A | B | C | (the) conversation |

② 아빠는 저녁에 집에 온다.

| A | B | home | C |

③ 삼촌은 매일 밤 나에게 이야기를 해준다.

| A | B | me (a) story | C |

④ 그녀는 아침에 빵을 먹는다.

| A | B | bread | C |

영어 두 마디 트레이닝 **Chapter 5**

영어 네 마디 트레이닝 (기초 편)

STEP 1 : 현재형

A, **B**, **C**에 문장에 맞는 영어를 넣어 보자.
동사는 15쪽에 나와 있는 25개 동사 중에서 골라 써 보자.

① 내가 항상 대화를 시작한다.

| I | usually | open up[*53] | (the) conversation |

② 아빠는 저녁에 집에 온다.

| My dad | comes | home | in the evening |

③ 삼촌은 매일 밤 나에게 이야기를 해준다.

| My uncle | tells | me (a) story | every night |

④ 그녀는 아침에 빵을 먹는다.

| She | has | bread | in the morning |

※53 'open up'은 '시작하다'라는 뜻이다.

Question 4
영어 네 마디 트레이닝 (기초 편)   45초

STEP 1 : 현재형

A, **B**, **C**에 문장에 맞는 영어를 넣어 보자.
동사는 15쪽에 나와 있는 25개 동사 중에서 골라 써 보자.

① 우리는 일주일에 한 번 스튜를 만든다.

| A | B | stew | C |

② 마이크는 매일 아침 헤어브러시를 사용한다.

| A | B | (a) hairbrush | C |

③ 그는 오후에 음악을 튼다.

| A | B | music on | C |

④ 그들은 매해 일본에서 온다.

| A | B | from Japan | C |

영어 네 마디 트레이닝 (기초 편)

STEP 1 : 현재형

A, **B**, **C**에 문장에 맞는 영어를 넣어 보자.
동사는 15쪽에 나와 있는 25개 동사 중에서 골라 써 보자.

① 우리는 일주일에 한 번 스튜를 만든다.

| We | make | stew | once (a) week |

② 마이크는 매일 아침 헤어브러시를 사용한다.

| Mike | uses | (a) hairbrush | every morning |

③ 그는 오후에 음악을 튼다.

| He | puts | music on ※54 | in the afternoon |

④ 그들은 매해 일본에서 온다.

| They | come over ※55 | from Japan | every year |

※54 'put music on'은 '음악을 틀다'라는 뜻이다.
※55 'come over'는 '오다'라는 뜻이다.

Question 5

영어 네 마디 트레이닝 (기초 편)

45초

STEP 2 : 과거형

A, **B**, **C**에 문장에 맞는 영어를 넣어 보자.
동사는 15쪽에 나와 있는 25개 동사 중에서 골라 써 보자.

① 그녀는 어제 방 청소를 했다.

| A | B | (the) room | C |

② 남동생은 오늘 아침 도시락을 받았다.

| A | B | (a) lunch box | C |

③ 나는 회의 중에 제일 먼저 말문을 열었다.

| A | B | (the) ice | C |

④ 학생들은 수업 중에 나에게 부탁을 했다.

| A | B | (a) favor | C |

영어 네 마디 트레이닝 (기초 편)

STEP 2 : 과거형

A, **B**, **C**에 문장에 맞는 영어를 넣어 보자.
동사는 15쪽에 나와 있는 25개 동사 중에서 골라 써 보자.

① 그녀는 어제 방 청소를 했다.

| She | cleaned | (the) room | yesterday |

② 남동생은 오늘 아침 도시락을 받았다.

| My brother | got | (a) lunch box | this morning |

③ 나는 회의 중에 제일 먼저 말문을 열었다.

| I | broke | (the) ice | during (the) meeting |

④ 학생들은 수업 중에 나에게 부탁을 했다.

| Students | asked me for | (a) favor | during (the) lesson |

Question 6

영어 네 마디 트레이닝 (기초 편)

45초

STEP 2 : 과거형

A, **B**, **C**에 문장에 맞는 영어를 넣어 보자.
동사는 15쪽에 나와 있는 25개 동사 중에서 골라 써 보자.

① 작년에 우리 친구가 유리를 깼다.

| A | B | (the) glass | C |

② 그녀는 며칠 전에 연설을 했다.

| A | B | (a) speech | C |

③ 그렉은 1시간 전에 열쇠를 찾았다.

| A | B | (a) key | C |

④ 우리는 지난주에 페이스북과 일했다.

| A | B | with Facebook | C |

영어 두 마디 트레이닝 **Chapter 5**

영어 네 마디 트레이닝 (기초 편)

STEP 2 : 과거형

A, **B**, **C**에 문장에 맞는 영어를 넣어 보자.
동사는 15쪽에 나와 있는 25개 동사 중에서 골라 써 보자.

① 작년에 우리 친구가 유리를 깼다.

| Our friend | broke | (the) glass | last year |

② 그녀는 며칠 전에 연설을 했다.

| She | gave | (a) speech | a few days ago |

③ 그렉은 1시간 전에 열쇠를 찾았다.

| Greg | found | (a) key | an hour ago |

④ 우리는 지난주에 페이스북과 일했다.

| We | worked | with Facebook | last week |

Question 7

영어 네 마디 트레이닝 (기초 편)

STEP 2 : 과거형

A, **B**, **C**에 문장에 맞는 영어를 넣어 보자.
동사는 15쪽에 나와 있는 25개 동사 중에서 골라 써 보자.

① 그는 지불할 돈이 필요했다.

| A | B | money | C |

② 엄마는 나에게 여러 번 전화를 해 왔다.

| A | B | calling | C |

③ 나는 어제 질문을 했다.

| A | B | (a) question | C |

④ 내 친구는 어젯밤에 보드카를 마셨다.

| A | B | vodka | C |

영어 네 마디 트레이닝 (기초 편)

STEP 2 : 과거형

A, **B**, **C**에 문장에 맞는 영어를 넣어 보자.
동사는 15쪽에 나와 있는 25개 동사 중에서 골라 써 보자.

① 그는 지불할 돈이 필요했다.

| He | needed | money | for (the) bill |

② 엄마는 나에게 여러 번 전화를 해 왔다.

| My mom | kept | calling [※56] | me |

③ 나는 어제 질문을 했다.

| I | asked | (a) question | yesterday |

④ 내 친구는 어젯밤에 보드카를 마셨다.

| My friend | drank | vodka | last night |

※56 'keep ~ ing'는 '계속 ~하다'라는 뜻이다.

Question 8

영어 네 마디 트레이닝 (기초 편)

45초

STEP 2 : 과거형

A, **B**, **C**에 문장에 맞는 영어를 넣어 보자.
동사는 15쪽에 나와 있는 25개 동사 중에서 골라 써 보자.

① 우리 선생님은 12시에 점심을 가져오셨다.

| A | B | lunch | C |

② 그의 여동생은 어제 집을 나갔다.

| A | B | (the) house | C |

③ 기자는 오늘 아침 우리에게 뉴스를 전했다.

| A | B | (the) news | C |

④ 그는 어젯밤에 TV를 켰다.

| A | B | (the) TV on | C |

영어 두 마디 트레이닝 **Chapter 5**

영어 네 마디 트레이닝 (기초 편)

STEP 2 : 과거형

A, **B**, **C**에 문장에 맞는 영어를 넣어 보자.
동사는 15쪽에 나와 있는 25개 동사 중에서 골라 써 보자.

① 우리 선생님은 12시에 점심을 가져오셨다.

| My teacher | brought | lunch | at noon |

② 그의 여동생은 어제 집을 나갔다.

| His sister | left | (the) house | yesterday |

③ 기자는 오늘 아침 우리에게 뉴스를 전했다.

| A reporter | told us | (the) news | this morning |

④ 그는 어젯밤에 TV를 켰다.

| He | put | (the) TV on ※57 | last night |

※57 'put the TV on'은 'TV를 켜다'라는 뜻이다.

Question 9

영어 네 마디 트레이닝 (기초 편)

45초

STEP 3 : 미래형

A, **B**, **C**에 문장에 맞는 영어를 넣어 보자.
동사는 15쪽에 나와 있는 25개 동사 중에서 골라 써 보자.

① 내가 길을 찾을게.

| A | B | C | (a) way |

② 그는 공원에 갈 예정이다.

③ 나는 그녀에게 선물을 줄 생각이다.

④ 내 친구는 그 선물을 받지 않을 것이다.

영어 네 마디 트레이닝 (기초 편)

STEP 3 : 미래형

A, **B**, **C**에 문장에 맞는 영어를 넣어 보자.
동사는 15쪽에 나와 있는 25개 동사 중에서 골라 써 보자.

① 내가 길을 찾을게.

| I | will | find | (a) way |

② 그는 공원에 갈 예정이다.

| He | is going to | go to | (a) park |

③ 나는 그녀에게 선물을 줄 생각이다.

| I | will | give | (her a) gift |

④ 내 친구는 그 선물을 받지 않을 것이다.

| My friend | is not going to | get | (the) present |

Question 10

영어 네 마디 트레이닝 (기초 편)

STEP 3 : 미래형

A, **B**, **C**에 문장에 맞는 영어를 넣어 보자.
동사는 15쪽에 나와 있는 25개 동사 중에서 골라 써 보자.

① 그들은 파티를 연다.

| A | B | C | (a) party |

② 샘은 산에서 길을 찾을 것이다.

| A | B | C | the trail in (the) mountain |

③ 우리는 번지 점프를 해볼 예정이다.

| A | B | C | bungee jumping |

④ 내 여동생은 개를 갖고 싶어 할 것이다.

| A | B | C | (the) dog |

영어 네 마디 트레이닝 (기초 편)

STEP 3 : 미래형

A, **B**, **C**에 문장에 맞는 영어를 넣어 보자.
동사는 15쪽에 나와 있는 25개 동사 중에서 골라 써 보자.

① 그들은 파티를 연다.

| They | will | have | (a) party |

② 샘은 산에서 길을 찾을 것이다.

| Sam | will | find | the trail in (the) mountain |

③ 우리는 번지 점프를 해볼 예정이다.

| We | are going to | try | bungee jumping |

④ 내 여동생은 개를 갖고 싶어 할 것이다.

| My sister | is going to | want | (the) dog |

Question 11

영어 네 마디 트레이닝 (기초 편)

STEP 3 : 미래형

A, **B**, **C**에 문장에 맞는 영어를 넣어 보자.
동사는 15쪽에 나와 있는 25개 동사 중에서 골라 써 보자.

① 가족 모두 휴가를 낼 예정이다.

| A | B | C | (a) vacation |

② 그는 집에 올 예정이다.

③ 할아버지가 화를 낼 것이다.

④ 학생들은 학교를 나올 것이다.

영어 네 마디 트레이닝 (기초 편)

STEP 3 : 미래형

A, **B**, **C**에 문장에 맞는 영어를 넣어 보자.
동사는 15쪽에 나와 있는 25개 동사 중에서 골라 써 보자.

① 가족 모두 휴가를 낼 예정이다.

| My family | is going to | take | (a) vacation |

② 그는 집에 올 예정이다.

| He | will | come | home |

③ 할아버지 화를 낼 것이다.

| Grandpa | is going to | get | angry |

④ 학생들은 학교를 나올 것이다.

| Students | are giong to | leave | school |

Question 12

영어 네 마디 트레이닝 (기초 편)

STEP 3 : 미래형

A, **B**, **C**에 문장에 맞는 영어를 넣어 보자.
동사는 15쪽에 나와 있는 25개 동사 중에서 골라 써 보자.

① 선생님들은 성적을 아실 것이다.

| A | B | C | (the) grades |

② 그녀는 서류가 필요할 것이다.

| A | B | C | documents |

③ 그들은 사진을 보관할 예정이다.

| A | B | C | (the) picture |

④ 할머니는 약을 드실 것이다.

| A | B | C | (the) medicine |

영어 네 마디 트레이닝 (기초 편)

STEP 3 : 미래형

A, **B**, **C**에 문장에 맞는 영어를 넣어 보자.
동사는 15쪽에 나와 있는 25개 동사 중에서 골라 써 보자.

① 선생님들은 성적을 아실 것이다.

| Teachers | are going to | know | (the) grades |

② 그녀는 서류가 필요할 것이다.

| She | will | need | documents |

③ 그들은 사진을 보관할 예정이다.

| They | are going to | keep | (the) picture |

④ 할머니는 약을 드실 것이다.

| My grandma | is going to | take | (the) medicine |

Question 13

영어 네 마디 트레이닝 (기초 편)

STEP 4 : 조동사

A, **B**, **C**에 문장에 맞는 영어를 넣어 보자.
동사는 15쪽에 나와 있는 25개 동사 중에서 골라 써 보자.

① 나는 재킷을 입어야 한다.

A	B	C	(a) jacket on

② 삼촌은 우리에게 모든 것을 말해 줘야 한다.

A	B	C	everything

③ 그들은 우리를 두고 갈지도 모른다.

A	B	C	us

④ 나는 주스를 마실 수 있다.

A	B	C	(the) juice

영어 네 마디 트레이닝 (기초 편)

STEP 4 : 조동사

A, **B**, **C**에 문장에 맞는 영어를 넣어 보자.
동사는 15쪽에 나와 있는 25개 동사 중에서 골라 써 보자.

① 나는 재킷을 입어야 한다.

| I | should | put | (a) jacket on |

② 삼촌은 우리에게 모든 것을 말해 줘야 한다.

| My uncle | has to | tell us | everything |

③ 그들은 우리를 두고 갈지도 모른다.

| They | might | leave | us |

④ 나는 주스를 마실 수 있다.

| I | can | drink | (the) juice |

Question 14

영어 네 마디 트레이닝 (기초 편)

STEP 4 : 조동사

A, **B**, **C**에 문장에 맞는 영어를 넣어 보자.
동사는 15쪽에 나와 있는 25개 동사 중에서 골라 써 보자.

① 너는 화장실에 가도 된다.

| A | B | C | (the) bathroom |

② 내 여동생은 상자를 열어야 한다.

| A | B | C | (the) box |

③ 아빠는 비밀을 찾을지도 모른다.

| A | B | C | (the) secret |

④ 우리는 규칙을 깨서는 안 된다.

| A | B | C | (the) rules |

영어 네 마디 트레이닝 (기초 편)

STEP 4 : 조동사

A, **B**, **C**에 문장에 맞는 영어를 넣어 보자.
동사는 15쪽에 나와 있는 25개 동사 중에서 골라 써 보자.

① 너는 화장실에 가도 된다.

| You | may | go to | (the) bathroom |

② 내 여동생은 상자를 열어야 한다.

| My sister | must | open | (the) box |

③ 아빠는 비밀을 찾을지도 모른다.

| Dad | might | find out | (the) secret |

④ 우리는 규칙을 깨서는 안 된다.

| We | shouldn't | break | (the) rules |

Question 15

영어 네 마디 트레이닝 (기초 편)

STEP 4 : 조동사

A, **B**, **C**에 문장에 맞는 영어를 넣어 보자.
동사는 15쪽에 나와 있는 25개 동사 중에서 골라 써 보자.

① 나는 안경을 써야 한다.

| A | B | C | (my) glasses on |

② 그 여자아이는 기타를 쓸 수 있었다.

| A | B | C | (the) guitar |

③ 그녀들은 페이스를 유지해야 한다.

| A | B | C | (the) pace |

④ 그녀는 뭔가 알고 있을 것이다.

| A | B | C | something |

영어 네 마디 트레이닝 [기초 편]

STEP 4 : 조동사

A, **B**, **C**에 문장에 맞는 영어를 넣어 보자.
동사는 15쪽에 나와 있는 25개 동사 중에서 골라 써 보자.

① 나는 안경을 써야 한다.

| I | have to | put | (my) glasses on |

② 그 여자아이는 기타를 쓸 수 있었다.

| The girl | could | use | (the) guitar |

③ 그녀들은 페이스를 유지해야 한다.

| They | must | keep up [*58] | (the) pace |

④ 그녀는 뭔가 알고 있을 것이다.

| She | should | know | something |

[*58] 'keep up'은 '내려가지 않도록 유지하다'라는 뜻이다.

Question 16

영어 네 마디 트레이닝 (기초 편)

STEP 4 : 조동사

A, **B**, **C**에 문장에 맞는 영어를 넣어 보자.
동사는 15쪽에 나와 있는 25개 동사 중에서 골라 써 보자.

① 나는 집에 가야 한다.

| A | B | C | home |

② 너는 그것을 사용하지 않아도 된다.

| A | B | C | it |

③ 그들은 길을 헤맬지도 모른다.

| A | B | C | lost |

④ 그녀의 남동생은 방을 깨끗이 치워야 한다.

| A | B | C | (the) room |

영어 네 마디 트레이닝 (기초 편)

STEP 4 : 조동사

A, **B**, **C**에 문장에 맞는 영어를 넣어 보자.
동사는 15쪽에 나와 있는 25개 동사 중에서 골라 써 보자.

① 나는 집에 가야 한다.

| I | have to | go | home |

② 너는 그것을 사용하지 않아도 된다.

| You | don't have to | use | it |

③ 그들은 길을 헤맬지도 모른다.

| They | might | get | lost |

④ 그녀의 남동생은 방을 깨끗이 치워야 한다.

| Her brother | must | clean | (the) room |

Question 1

영어 네 마디 트레이닝 (상황 편) **45초**

네이티브가 다음과 같이 말했다. 네 마디로 대답해 보자.
동사는 15쪽에 나와 있는 25개 동사 중에서 골라 써 보자.
단어를 추가하거나 전치사, 관사 등을 넣어 네 마디 이상이 돼도 괜찮다.

> 네이티브 : **I couldn't take a bus yesterday.**
> (어제 버스를 타지 못했어요.)

나 : **That's too bad.** (유감이네요.)
_____ _____ _____ _____ .

영어 네 마디 트레이닝 (상황 편)

네이티브가 다음과 같이 말했다. 네 마디로 대답해 보자.
동사는 15쪽에 나와 있는 25개 동사 중에서 골라 써 보자.
단어를 추가하거나 전치사, 관사 등을 넣어 네 마디 이상이 돼도 괜찮다.

네이티브 : **I couldn't take a bus yesterday.**

[답변 예시]

You	could	use	(a) car

(당신은 차를 이용할 수 있었어요.)

I	saw	you	(at the) station

(당신을 역에서 봤어요.)

Did you	leave	the office	late?

(사무실에서 늦게 출발했나요?)

You	must	get (there)	earlier

(당신은 그곳에 더 일찍 도착해야 해요.)

You	should	go	earlier

(당신은 더 일찍 가야 해요.)

Question 2

영어 네 마디 트레이닝 (상황 편)

45초

네이티브가 다음과 같이 말했다. 네 마디로 대답해 보자.
동사는 15쪽에 나와 있는 25개 동사 중에서 골라 써 보자.
단어를 추가하거나 전치사, 관사 등을 넣어 네 마디 이상이 돼도 괜찮다.

네이티브 : **I have to find my wallet from my car.**
(제 차에서 지갑을 찾아야 해요.)

나 : **Are you OK?** (괜찮아요?)
_____ _____ _____ _____.

영어 네 마디 트레이닝 (상황 편)

네이티브가 다음과 같이 말했다. 네 마디로 대답해 보자.
동사는 15쪽에 나와 있는 25개 동사 중에서 골라 써 보자.
단어를 추가하거나 전치사, 관사 등을 넣어 네 마디 이상이 돼도 괜찮다.

네이티브 : **I have to find my wallet from my car.**

[답변 예시]

You	didn't find	it	(in your) room?

(방에서 못 찾았나요?)

I	can	give	you (a) hand!

(제가 도와줄 수 있어요.)

Do	you	need (some) money	right now?

(지금 당장 돈이 필요한가요?)

I	saw	(a) brown wallet	(in the) back seat!

(제가 뒷좌석에서 갈색 지갑을 봤어요.)

You	may	want	(some) help!

(당신은 도움이 필요할 수 있어요.)

Question 3
영어 네 마디 트레이닝 (상황 편)
45초

네이티브가 다음과 같이 말했다. 네 마디로 대답해 보자.
동사는 15쪽에 나와 있는 25개 동사 중에서 골라 써 보자.
단어를 추가하거나 전치사, 관사 등을 넣어 네 마디 이상이 돼도 괜찮다.

> 네이티브 : **She used the website to shop.**
> (그녀는 인터넷으로 쇼핑을 했어요.)

> 나 : **That's pretty interesting.** (꽤 흥미롭네요.)
> _____ _____ _____ _____.

영어 네 마디 트레이닝 (상황 편)

네이티브가 다음과 같이 말했다. 네 마디로 대답해 보자.
동사는 15쪽에 나와 있는 25개 동사 중에서 골라 써 보자.
단어를 추가하거나 전치사, 관사 등을 넣어 네 마디 이상이 돼도 괜찮다.

네이티브 : **She used the website to shop.**

[답변 예시]

She	should	use	(a) coupon

(그녀는 쿠폰을 사용해야 해요.)

She	has to	keep	(her) money

(그녀는 돈을 아껴야 해요.)

I	wanted to	get	(a) sweater

(저는 스웨터를 사고 싶었어요.)

She	needed	(a) cup	for (a) present!

(그녀는 선물로 컵이 필요했어요.)

Did she	find	(a) new jacket	for herself?

(그녀는 자기가 입을 새로운 재킷을 찾았나요?)

Question 4

영어 네 마디 트레이닝 (상황 편)

45초

네이티브가 다음과 같이 말했다. 네 마디로 대답해 보자.
동사는 15쪽에 나와 있는 25개 동사 중에서 골라 써 보자.
단어를 추가하거나 전치사, 관사 등을 넣어 네 마디 이상이 돼도 괜찮다.

> 네이티브 : **I tell jokes every day.**
> (저는 매일 농담을 해요.)

나 : **Oh, really?** (오, 정말요?)
_____ _____ _____ _____.

영어 두 마디 트레이닝 **Chapter 5**

영어 네 마디 트레이닝 (상황 편)

네이티브가 다음과 같이 말했다. 네 마디로 대답해 보자.
동사는 15쪽에 나와 있는 25개 동사 중에서 골라 써 보자.
단어를 추가하거나 전치사, 관사 등을 넣어 네 마디 이상이 돼도 괜찮다.

네이티브 : **I tell jokes every day.**

[답변 예시]

My friends	don't make[※59]	jokes	at all[※60]

(제 친구들은 전혀 농담을 하지 않아요.)

I	can't	take	them

(저는 그걸 받아줄 수 없어요.)

Some of them	went	wrong	yesterday

(어제 그중 일부는 실패했어요.)

Your jokes	make	me laugh	all (the) time

(당신의 농담은 항상 저를 웃게 만들어요.)

Do you	want to be[※61]	(a) comedian	some day?

(언젠가 코미디언이 되고 싶으세요?)

※59 'tell jokes', 'make jokes'는 '농담을 하다'라는 뜻이다.
※60 'at all'은 '전혀'라는 뜻이다.
※61 'want to be'는 '~가 되고 싶다'라는 뜻이다.

Question 5

영어 네 마디 트레이닝 (상황 편) `45초`

네이티브가 다음과 같이 말했다. 네 마디로 대답해 보자.
동사는 15쪽에 나와 있는 25개 동사 중에서 골라 써 보자.
단어를 추가하거나 전치사, 관사 등을 넣어 네 마디 이상이 돼도 괜찮다.

> 네이티브 : **What are our parents doing?**
> (우리 부모님은 뭘 하고 계세요?)

> 나 : **Let me see.** (잠깐만요.)
> ___ ___ ___ ___ .

영어 네 마디 트레이닝 (상황 편)

네이티브가 다음과 같이 말했다. 네 마디로 대답해 보자.
동사는 15쪽에 나와 있는 25개 동사 중에서 골라 써 보자.
단어를 추가하거나 전치사, 관사 등을 넣어 네 마디 이상이 돼도 괜찮다.

네이티브 : **What are our parents doing?**

[답변 예시]

They	left	(the) house	(in the) morning

(두 분은 아침에 집을 나섰어요.)

They	are getting	ready	(for) dinner

(두 분은 저녁을 준비하고 계세요.)

You	asked	(the) same question	5 minutes ago

(당신은 5분 전에도 같은 질문을 했어요.)

I	have to	know	that too

(저도 그걸 알아야 해요.)

We	should	see	them

(우리는 두 분을 봐야 해요.)

Question 6
영어 네 마디 트레이닝 (상황 편) `45초`

네이티브가 다음과 같이 말했다. 네 마디로 대답해 보자.
동사는 15쪽에 나와 있는 25개 동사 중에서 골라 써 보자.
단어를 추가하거나 전치사, 관사 등을 넣어 네 마디 이상이 돼도 괜찮다.

> 네이티브 : **I would like to go out.**
> (외출하고 싶어요.)

> 나 : **Sounds good!** (좋아요!)
> _____ _____ _____ _____.

영어 네 마디 트레이닝 (상황 편)

네이티브가 다음과 같이 말했다. 네 마디로 대답해 보자.
동사는 15쪽에 나와 있는 25개 동사 중에서 골라 써 보자.
단어를 추가하거나 전치사, 관사 등을 넣어 네 마디 이상이 돼도 괜찮다.

네이티브 : **I would like to go out.**

[답변 예시]

We	should	go out	together

(우리는 함께 나가야 해요.)

You	must	put	sunscreen on

(자외선 차단제를 꼭 발라야 해요.)

Do You	know	(the) weather	for today?

(오늘 날씨가 어떤지 알아요?)

Can you	take or bring*62	the kid(s)	today?

(오늘 아이들을 데려가거나 데려올 수 있어요?)

I	have to	work	all day

(저는 오늘 하루 종일 일해야 해요.)

※62 여기서 'take'는 아이들을 어딘가로 데리고 가는 상황, 'bring'은 아이들이 자신들과 함께 오는 상황을 의미한다.

Question 7
영어 네 마디 트레이닝 (상황 편)

45초

네이티브가 다음과 같이 말했다. 네 마디로 대답해 보자.
동사는 15쪽에 나와 있는 25개 동사 중에서 골라 써 보자.
단어를 추가하거나 전치사, 관사 등을 넣어 네 마디 이상이 돼도 괜찮다.

> 네이티브 : **People should put a mask on.**
> (사람들은 마스크를 써야 해요.)

나 : **I agree.** (저도 그렇게 생각해요.)
_____ _____ _____ _____.

영어 네 마디 트레이닝 (상황 편)

네이티브가 다음과 같이 말했다. 네 마디로 대답해 보자.
동사는 15쪽에 나와 있는 25개 동사 중에서 골라 써 보자.
단어를 추가하거나 전치사, 관사 등을 넣어 네 마디 이상이 돼도 괜찮다.

네이티브 : **People should put a mask on.**

[답변 예시]

| We | need | mask(s) | (inside) building(s) |

(우리는 건물 안에서 마스크가 필요합니다.)

| I | am going to | put | (a) mask on |

(마스크를 쓸게요.)

| We | have to | keep | (others) safe |

(우리는 다른 사람들의 안전을 지켜야 해요.)

| We | must | take care of | others |

(우리는 다른 사람들을 돌봐야 해요.)

| I | asked | my friend(s) | to do (the) same! |

(저는 친구들에게 똑같이 부탁했어요!)

Question 8

영어 네 마디 트레이닝 (상황 편)

45초

네이티브가 다음과 같이 말했다. 네 마디로 대답해 보자.
동사는 15쪽에 나와 있는 25개 동사 중에서 골라 써 보자.
단어를 추가하거나 전치사, 관사 등을 넣어 네 마디 이상이 돼도 괜찮다.

> 네이티브 : **She got robbed by thieves.**
> (그녀는 도둑들에게 강도를 당했어요.)

> 나 : **Are you serious?** (정말이에요?)
> _____ _____ _____ _____ .

영어 네 마디 트레이닝 (상황 편)

네이티브가 다음과 같이 말했다. 네 마디로 대답해 보자.
동사는 15쪽에 나와 있는 25개 동사 중에서 골라 써 보자.
단어를 추가하거나 전치사, 관사 등을 넣어 네 마디 이상이 돼도 괜찮다.

네이티브 : **She got robbed by thieves.**

[답변 예시]

We	have to	go to	(the) police

(경찰서에 가야 해요.)

I	am going to	ask for	help

(제가 도움을 요청할게요.)

Did she	tell	you	about it?

(그녀가 당신에게 그 일에 대해 말했어요?)

She	may	need	a detective

(그녀는 수사관이 필요할 수 있어요.)

We	saw	(the) robber(s)	over there

(우리는 저기서 강도를 봤어요.)

Question 9

영어 네 마디 트레이닝 (상황 편) `45초`

네이티브가 다음과 같이 말했다. 네 마디로 대답해 보자.
동사는 15쪽에 나와 있는 25개 동사 중에서 골라 써 보자.
단어를 추가하거나 전치사, 관사 등을 넣어 네 마디 이상이 돼도 괜찮다.

> 네이티브 : **He drank a lot of alcohol.**
> (그는 술을 많이 마셨어요.)

> 나 : **Did he?** (그랬어요?)
> _____ _____ _____ _____ .

영어 두 마디 트레이닝 **Chapter 5**

영어 네 마디 트레이닝 (상황 편)

네이티브가 다음과 같이 말했다. 네 마디로 대답해 보자.
동사는 15쪽에 나와 있는 25개 동사 중에서 골라 써 보자.
단어를 추가하거나 전치사, 관사 등을 넣어 네 마디 이상이 돼도 괜찮다.

네이티브 : **He drank a lot of alcohol.**

[답변 예시]

We	are going to	give	(him) water.

(우리가 그에게 물을 줄게요.)

He	should	know	(his) limit(s).

(그는 자신의 주량을 알아야 해요.)

Did you	go out	with him	yesterday?

(어제 그와 함께 외출했어요?)

He	shouldn't	drink	too much.

(그는 너무 과음하면 안 돼요.)

He	might	ask for	(a) plastic bag

(그는 비닐봉지를 달라고 할지도 몰라요.)

Question 10

영어 네 마디 트레이닝 (상황 편)

네이티브가 다음과 같이 말했다. 네 마디로 대답해 보자.
동사는 15쪽에 나와 있는 25개 동사 중에서 골라 써 보자.
단어를 추가하거나 전치사, 관사 등을 넣어 네 마디 이상이 돼도 괜찮다.

> 네이티브 : **Did my brother break my watch?**
> (제 남동생이 제 시계를 망가뜨렸나요?)

> 나 : **I don't know.** (저는 몰라요.)
> _____ _____ _____ _____.

영어 네 마디 트레이닝 (상황 편)

네이티브가 다음과 같이 말했다. 네 마디로 대답해 보자.
동사는 15쪽에 나와 있는 25개 동사 중에서 골라 써 보자.
단어를 추가하거나 전치사, 관사 등을 넣어 네 마디 이상이 돼도 괜찮다.

네이티브 : **Did my brother break my watch?**

[답변 예시]

| You | should | tell | (your) mom |

(당신의 엄마에게 말해야 해요.)

| I | didn't see | anything | this morning |

(오늘 아침에 아무것도 보지 못했어요.)

| You | mustn't | get angry | at or with him ※63 |

(동생에게 화를 내면 안 돼요.)

| He | might | make | (an) excuse |

(그는 변명을 할지도 몰라요.)

| He | will | have | (a) new one |

(그는 새 것을 갖게 될 거예요.)

※63 '~에게 화를 내다'는 'angry at' 또는 'angry with'를 쓴다.

Question 11

영어 네 마디 트레이닝 (상황 편)

네이티브가 다음과 같이 말했다. 네 마디로 대답해 보자.
동사는 15쪽에 나와 있는 25개 동사 중에서 골라 써 보자.
단어를 추가하거나 전치사, 관사 등을 넣어 네 마디 이상이 돼도 괜찮다.

> 네이티브 : **They should find the solution.**
> (그들은 해결책을 찾아야 해요.)

> 나 : **That's pretty hard.** (그건 꽤 어려워요.)
> _____ _____ _____ _____ .

영어 네 마디 트레이닝 (상황 편)

네이티브가 다음과 같이 말했다. 네 마디로 대답해 보자.
동사는 15쪽에 나와 있는 25개 동사 중에서 골라 써 보자.
단어를 추가하거나 전치사, 관사 등을 넣어 네 마디 이상이 돼도 괜찮다.

네이티브 : **They should find the solution.**

[답변 예시]

| I | am going to | come up with | (an) idea |
(저는 아이디어를 생각해 낼 거예요.)

| I | shouldn't | tell them | (the) answer |
(저는 그들에게 답을 말해서는 안 돼요.)

| Don't they | need | (a) hint | for this? |
(그들은 힌트가 필요하지 않나요?)

| They | must | try | (their) best |
(그들은 최선을 다해야 해요.)

| It | may | take | too long |
(시간이 많이 걸릴 수도 있어요.)

Question 12

영어 네 마디 트레이닝 (상황 편)

네이티브가 다음과 같이 말했다. 네 마디로 대답해 보자.
동사는 15쪽에 나와 있는 25개 동사 중에서 골라 써 보자.
단어를 추가하거나 전치사, 관사 등을 넣어 네 마디 이상이 돼도 괜찮다.

> 네이티브 : **Can you clean the floor too?**
> (바닥도 청소할 수 있나요?)

> 나 : **No problem.** (그럼요.)
> _____ _____ _____ _____.

영어 네 마디 트레이닝 (상황 편)

네이티브가 다음과 같이 말했다. 네 마디로 대답해 보자.
동사는 15쪽에 나와 있는 25개 동사 중에서 골라 써 보자.
단어를 추가하거나 전치사, 관사 등을 넣어 네 마디 이상이 돼도 괜찮다.

네이티브 : **Can you clean the floor too?**

[답변 예시]

I	will	get on*64	it
(바로 할게요.)			

I	should	clean	(the) window(s) too
(저는 창도 닦아야 해요.)			

I	will	drink	(my) coffee first
(커피 먼저 마실게요.)			

Can	you	take*65	the garbage out?
(쓰레기를 밖에 내다 놓을 수 있어요?)			

Did you	use	(the) vacuum cleaner	earlier?
(아까 청소기를 썼나요?)			

※64 'get on it'은 '바로 착수하다'라는 뜻이다.
※65 'take the garbage out'은 '쓰레기를 내놓다'라는 뜻이다.

Question 13

영어 네 마디 트레이닝 (상황 편)

네이티브가 다음과 같이 말했다. 네 마디로 대답해 보자.
동사는 15쪽에 나와 있는 25개 동사 중에서 골라 써 보자.
단어를 추가하거나 전치사, 관사 등을 넣어 네 마디 이상이 돼도 괜찮다.

> 네이티브 : **We have an end of year party.**
> (우리는 송년회를 할 거예요.)

> 나 : **I can't wait!** (못 기다리겠어요!)
> _____ _____ _____ _____ .

영어 네 마디 트레이닝 (상황 편)

네이티브가 다음과 같이 말했다. 네 마디로 대답해 보자.
동사는 15쪽에 나와 있는 25개 동사 중에서 골라 써 보자.
단어를 추가하거나 전치사, 관사 등을 넣어 네 마디 이상이 돼도 괜찮다.

네이티브 : **We have an end of year party.**

[답변 예시]

My boss	might	come	this time

(상사가 이번에 올지도 몰라요.)

We	mustn't	drink	too much

(우리는 과음하면 안 돼요.)

Do we	need	something	for the party?

(파티에 필요한 것이 있나요?)

Do you	know	the	date?

(며칠인지 알아요?)

I	will	put on	(my) new clothes

(새 옷을 입을 거예요.)

Question 14

영어 네 마디 트레이닝 (상황 편)

네이티브가 다음과 같이 말했다. 네 마디로 대답해 보자.
동사는 15쪽에 나와 있는 25개 동사 중에서 골라 써 보자.
단어를 추가하거나 전치사, 관사 등을 넣어 네 마디 이상이 돼도 괜찮다.

> 네이티브 : **I broke up with my partner.**
> (저는 제 파트너와 헤어졌어요.)

> 나 : **I'm sorry.** (안됐군요.)
> _____ _____ _____ _____ .

영어 네 마디 트레이닝 (상황 편)

네이티브가 다음과 같이 말했다. 네 마디로 대답해 보자.
동사는 15쪽에 나와 있는 25개 동사 중에서 골라 써 보자.
단어를 추가하거나 전치사, 관사 등을 넣어 네 마디 이상이 돼도 괜찮다.

> 네이티브 : **I broke up with my partner.**

[답변 예시]

You	can	find	(a) new partner

(새로운 파트너를 찾을 수 있어요.)

Did you	give	him	(a) reason?

(그에게 원인을 제공했나요?)

Do you	want	to chat	now?

(지금 채팅할까요?)

You	should	take	(a) vacation

(당신은 휴가를 가는 게 좋겠어요.)

Are you	seeing	someone	already?

(이미 누군가를 만나고 있나요?)

Question 15

영어 네 마디 트레이닝 (상황 편)

45초

네이티브가 다음과 같이 말했다. 네 마디로 대답해 보자.
동사는 15쪽에 나와 있는 25개 동사 중에서 골라 써 보자.
단어를 추가하거나 전치사, 관사 등을 넣어 네 마디 이상이 돼도 괜찮다.

> 네이티브 : **He made a great dinner.**
> (그가 훌륭한 저녁을 준비했어요.)

> 나 : **Wow! That's amazing!** (우아! 놀랍네요!)
> _____ _____ _____ _____ .

영어 네 마디 트레이닝 (상황 편)

네이티브가 다음과 같이 말했다. 네 마디로 대답해 보자.
동사는 15쪽에 나와 있는 25개 동사 중에서 골라 써 보자.
단어를 추가하거나 전치사, 관사 등을 넣어 네 마디 이상이 돼도 괜찮다.

네이티브 : **He made a great dinner.**

[답변 예시]

What*66	did he	make	for dinner?

(그가 저녁으로 뭘 만들었나요?)

I	should	have	(some) leftovers.

(남은 음식을 좀 먹어 봐야겠어요.)

How many*67	dishes	did he	make?

(그는 몇 가지 요리를 했나요?)

Could	he	tell	me (the) recipe?

(그가 저에게 레시피를 알려 줄 수 있을까요?)

He	always	makes	great dinner!

(그는 항상 훌륭한 저녁 식사를 준비하네요.)

※66 'What'을 넣은 의문문도 만들 수 있다.
※67 'How many'를 넣은 의문문도 만들 수 있다.

에필로그

두 마디 트레이닝, 세 마디 트레이닝, 네 마디 트레이닝까지 해본 사람들은 영어 문장이 입에서 술술 나오는 경험을 했을 것이다. 아직 그 정도까지는 아니어도 전혀 걱정할 필요는 없다. 이 책은 어디까지나 두 마디 트레이닝을 시작하는 계기에 불과하다.

수없이 반복하면서 한 마디라도 좋으니 계속 입에서 중얼중얼하기 바란다. 그렇게 하면 반드시 영어가 입에 착착 붙어 툭툭 튀어나오게 될 것이다. 두 마디 트레이닝은 내가 영어 강사로서 지금까지 경험하고 느낀 것을 종합해 만들어낸 트레이닝법이다.

처음 독립해 영어 회화 학원을 시작했을 때 나는 기존의 영어 교육과는 다르게, 내가 좋다고 생각한 방법으로 영어를 가르치겠다고 마음먹었다. 항상 정해진 문장으로 반복하는 것이 아니라 스스로 생각해서 상황에 따라 주고받을 수 있는 영어 실력을 키워주고 싶었기 때문이다. 그러기 위해서는 학습 커리큘럼과 교재, 강의 준비물을 직접 만들어야 했다.

제2언어 습득에 대한 연구와 영어권 아이들의 언어 습득 과정에 대한 조사, 학생들을 대상으로 한 설문조사 결과, 그리고 내 수업 방식에 대한 피드백과 검증 등을 통해 다양한 시각에서 영어를 가르치는 것에 대해 고민했다. 그리고 생각하면 할수록 두 마디 트레이닝이야 말로 학생들에게 영어 머리를 만들어 줘서 영어 커뮤니케이션 능력을 향상시키는 최적의 방법이라는 자신감을 갖고 지도할 수 있게 됐다.

나도 영어 강사를 하면서 영어를 매일 배우고 있다. 영어뿐 아니라 제2언어 습득에서 가장 중요한 것은 뭐니뭐니 해도 꾸준히 지속하는 것이다. 배우고 까먹고 또 배우고, 배운 것을 반복적으로 쓰면서 익혀가는 과정을 앞으로도 계속할 생각이다.

영어를 잘 못하거나 아무리 공부해도 영어 회화가 잘 안 된다는 사람들에게 이 책이 두 마디는 간단해 보이니까 한 번 더 도전해보자고 마음먹는 계기가 되길 바란다.

마지막으로 항상 큰 힘이 돼주는 Nextep의 모든 스태프와 수강생, 그리고 두 아이에게 감사의 마음을 전한다.

시게모리 지구사

영어 두 마디 트레이닝

초판 1쇄 발행 2022년 3월 28일

지은이 시게모리 지구사
옮긴이 윤지나
펴낸곳 (주)에스제이더블유인터내셔널
펴낸이 양홍걸 이시원

블로그·인스타·페이스북 siwonbooks
주소 서울시 영등포구 국회대로74길 12 남중빌딩 시원스쿨
구입 문의 02)2014-8151
고객센터 02)6409-0878

ISBN 979-11-6150-590-9 13740

이 책은 저작권법에 따라 보호받는 저작물이므로 무단복제와
무단전재를 금합니다.
이 책 내용의 전부 또는 일부를 이용하려면 반드시
저작권자와 (주)에스제이더블유인터내셔널의 서면 동의를 받
아야 합니다.

시원북스는 (주)에스제이더블유인터내셔널의 단행본 브랜드
입니다.

독자 여러분의 투고를 기다립니다.
책에 관한 아이디어나 투고를 보내주세요.
cho201@siwonschool.com